明季嶺南高僧

函可和尚的研究

楊燕韶　著

文史哲學集成
文史哲出版社印行

國家圖書館出版品預行編目資料

明季嶺南高僧：函可和尚的研究/ 楊燕韶著. --
初版 臺北市：文史哲，民 102.05
頁；公分（文史哲學集成；639）
參考書目：頁
ISBN 978-986-314-112-9（平裝）

1.（明）釋函可 2.明代詩 3.詩評

820.9106   102009296

文史哲學集成   639

明季嶺南高僧：函可和尚的研究

著　　　者：楊　　　燕　　　韶
出 版 者：文　史　哲　出　版　社
　　　　　http://www.lapen.com.tw
　　　　　e-mail:lapen@ms74.hinet.net
登記證字號：行政院新聞局版臺業字五三三七號
發 行 人：彭　　　正　　　雄
發 行 所：文　史　哲　出　版　社
印 刷 者：文　史　哲　出　版　社
　　　　　臺北市羅斯福路一段七十二巷四號
　　　　　郵政劃撥帳號：一六一八〇一七五
　　　　　電話886-2-23511028・傳真886-2-23965656

實價新臺幣二八〇元

中 華 民 國 一 〇 二 年 （2013）五 月 初 版

明季嶺南高僧：函可和尚的研究

目　　次

第 一 章

前 言

　　自從清兵入關（1644）以後，由北而南追逐征戰，欲圖全面消滅明朝殘餘政權，直至得緬人之配合，俘得永曆帝，終於 1661 年，終結內陸的明政權而掩有全國內陸土地，僅剩鄭氏據臺灣抗清。

　　這段期間，清兵所到之處，文人義士相起抵抗，壯烈犧牲者比比皆是。致於抗戰失敗後，苟全性命者，或埋首於著作，以寄其志，或甚至是俟機再起，如顧炎武、[1]王夫之，[2]黃

---

1 顧亭林，（1613-1682），江蘇崑山人，初名絳，國變後改名炎武，字寧人。清兵南下，與吳其沆，歸莊起兵抗清，事敗，轉戰於太湖一帶，欲連結鄭成功、入閩投魯王，均未果，遂隱於太湖，並寫作《天下郡國利病書》。順治十六年（1659）想聯繫鄭成功、張煌言進擊南京，而不得。遂無法再參與實際的抗清活動。然終其生不肯與清朝合作，拒予《明史》編纂工作，晚，隱居於陝西華山之麓。（康熙 21 年，1682）正月，在出遊山西曲中病逝。著有《亭林文集》、《日知錄》、《天下郡國利病書》等。

2 王夫之（1619-1692）字而農，號溳齋，又號一壺道人，湖南衡陽人。曾於衡陽舉兵抗清，敗南走。桂林陷沒，瞿式耜殉難，遂隱遁。曾因避世而變姓名俌爲傜人。最後居於石船山下之草堂。歸隱後約四十年而卒，勤奮著述，始終未剃發，遺著總稱爲《船山遺書》。見王雲五《明王船山先生夫之年表》。

宗羲、[3]屈大均等。[4]或出家爲僧，如金堡等。[5]有人隱居山林，如張穆，[6]有人隱於市，如方文。[7]有人出家爲僧、尼，甚而舉家爲僧尼，如函是和尚的家人。函是居廣東，明亡前就出家，明亡後該地區遁入空門者、爲在家居士者多皈依函是門下，其家人亦禮函是爲僧尼，所以有人覺得他之早出家是有遠見的做法。函是儼然成爲入清後粵地遺民之精神領袖。

函是禮道獨爲僧，道獨主要有兩個弟子，一爲函是，一

---

3 黃宗羲（1610-1695），字太沖，號梨洲，浙江餘姚人。明亡後參加抗清活動，爲「複社」領導人之一。屢拒清廷徵召，隱居著述講學。著有《明夷待訪錄》《明儒學案》等。

4 屈大均（1630-1696），字翁山、介子，號萊圃。廣東番禺人。早年受業於陳邦彥，補南海縣生員。清兵南下，參加陳邦彥、陳子壯、張家玉等抗清起義。清順治七年（1650）清兵再圍廣州，禮函是在海雲寺削髮爲僧，法名今種，字一靈。嘗欲訪函可於千山，未達。往來吳越，南返後返儒服。清康熙十二年（1673），吳三桂在昆明起兵，大均趕赴，任爲廣西按察司副司監督孫延齡軍。後知三桂無復明意，遂託病歸。終不復出，著述講學，尤重廣東文獻、方物、掌故等。康熙三十五年（1696），病逝。著有《翁山詩外》、《翁山文外》、《翁山易外》、《廣東新語》及《四朝成仁錄》。

5 金堡，（1614-1680）字衛公，又字道隱。浙江仁和人。崇禎十三年（1640）進士，授臨清知縣，因得罪劉澤清，被迫引疾去職歸鄉。順治二年，清下杭州，金堡偕原都督同知姚志卓起兵抗清，敗。永曆二年，金堡赴廣西，任禮科給事中。永曆四年因受誣被黜戍清浪衛（今貴州省岑鞏縣境內），中途得瞿式耜之助，留居桂林。桂林陷，金堡削髮爲僧，初名性因，後投廣州雷鋒寺函是和尚門下，又名澹歸。後住持丹霞寺，又名今釋，號舵石翁。金堡爲僧達三十年而逝，年 67 歲。其著作有《遍行堂集》、《嶺海焚餘》、《丹霞澹歸禪師語錄》等。

6 張穆（1607-？）廣東東莞人。工詩、善畫馬，好騎術、好畜馬，善劍擊。27 歲北上欲效邊疆不爲楊嗣昌用，38 歲入閩抗清，受命與張家玉至潮州招賴其肎兵。汀州事變與家玉返鄉，隱於東莞茶山，寄情詩畫篆刻。與黎遂球、梁朝鐘、鄺露、薛始亨、高儼、屈大均、陳恭尹唱和。八十歲仍步履如飛，然不知其卒年，以遺民終老，著有《鐵橋山人稿》。見《勝朝粵東遺民錄》卷 2。

7 方文，字爾止，桐城人，諸生。與侄以智同尚節氣，入清後以游食賣卜爲生，終生窮困然交遊遍朝野，著《嵞山集》。

爲函可。[8]函可在 1648（順治五年、永曆二年）因文字獄被放瀋陽焚修，從此兩師兄弟分駐一南一北。函可在瀋陽居 12 年而圓寂。在瀋陽期間，他一方面靠詩歌以抒懷，療治亡國亡家之傷痛、與隨後被貶東北之流人往來相互勉勵，一方面努力傳教弘揚南禪，成爲瀋地區人民之精神支柱。雖然分處南北，但他們除傳教外，都肩負撫慰人民心靈的重任，只是函昰面對的是遺民，函可面對的是被放瀋陽的流人。函可和尙因流放東北，地處邊陲的關係，其事蹟較鮮爲人知。

本文選擇以函可和尙爲研究對象之原因：

1. 函可是入清後第一個因文字獄被流放的人，在清代史上具有特殊意義，身爲先例的人物值得去深入探討。

2. 函可在明末，以身爲尙書之子，放棄榮華生活出家爲

---

8 道獨（1599-1660），字宗寶，號空隱，廣東南海人。俗性陸，十六歲結茅潛修于歸龍山近十年，二十九歲，至博山，禮元來禪師，傳曹洞法脈爲第二十八世。曾住長慶寺（在今江西廬山），羅浮華首，福建雁湖寺。明亡之後駐錫粵海幢寺，寂於寺內。不濫受傳弟子，只函可、函昰、張蓢而已。著有《空隱集》、《宗寶法語》等。見函昰《長慶老和尙行狀》收錄《長慶宗寶獨禪師語錄》卷第六。《卍新纂續藏經》第七十二冊 No. 1443 電子佛典 V1.13（Big5），完成日期：2009/04/22。函可（1611-1659），字祖心，又號剩人、揾搖、罪禿。俗性韓，名宗騋，字猶龍，廣東博羅人。父日纘，萬曆三十五年進士，官至禮部尙書。函可年二十九，崇禎十二年（1639）禮道獨爲僧。年三十七（1647），秋，以國變後赴南京印經，南返時被城守發現其著作〈再變記〉詩，送京下獄。明年四月發配瀋陽焚修。居瀋十二年，卒於戍所，年四十九。著《千山詩集》，《千山語錄》。見汪宗衍《千山剩人和尙年譜》，臺北市：臺灣商務，1986。函昰（1608-1685），字麗中，別字天然。俗姓曾，名起莘，字宅師，廣東番禺人。世爲邑中望族，年十八有矢志學浮屠。其母應之「待成名」，年二十六舉鄉試。熊文燦薦賢良方正不就。三十三歲，崇禎十三年（1640）禮道獨爲僧。卒年七十八。著《天然昰禪師語錄》、《瞎堂詩集》、《東莞縣志》等。見汪宗衍《明末天然和尙年譜》，臺北市：臺灣商務，1986。

僧，打破「唯有讀書高」的傳統觀念，異常的行為反
映出政治影響著士子對出處的矛盾。瞭解函可，可以
瞭解明末年青士子的困苦。

3.函可是一位詩人，身兼流民與遺民僧之身分，在國亡
之後，全家又喪於戰亂，他承受着倍重於一般遺民的
苦痛。他在流放生涯中托情志於詩，由於遭遇與身份
的關係，表現出奔放、悲憤、蒼涼的獨特詩風，成為
明遺民詩歌中別具明顯特色之代表詩作。因其詩歌民
族意識濃厚，死後百多年其作品仍被列為禁書，足見
影響深遠。而其詩歌也成為明清之際最具時代特色的
文學作品。

4.瞭解函可的精神與主張：其精神就是堅持、實踐、熱
愛生命力、發揮生命中的光與熱。他的一生顯示出明
清易代之際，一些受儒家思想長期薰陶的知識份子呈
現的矛盾、堅持與實踐等行為現象，在堅持與實踐下
造就出完美的的人格典範。因為惡劣的環境卻成了理
學理論之試金石，是理學的體驗。如島田虔次說，宋
明儒學是東亞文明的體驗，[9]則函可等的儒家實踐行為
意義重大影響深遠。而函可更在佛法的融通下，多了
寬容，消減了恨，他立足於佛教，發揚儒家精神。認
為儒、佛殊途同歸，其道理都在於實踐仁。

函可和尚從人生中悟得人生無常。人生中發生種種身不
由己的事，他稱之為「西來意」。因此他主張做事要把握當

---

9 杜維明〈文化中國與儒家〉，王元化《學術集林》卷4，上海：上海遠東，
　1995。頁149-159。

下，免失時機而後悔。他的主張隱約透露出這是一項佛化了的「知行合一」主張。

函可和尚流放 12 年而圓寂，其詩歌創作、做人道理與宗教主張，除對東北地方文教有所影響外，也是對清初文學、思想上作出貢獻，值得加以深究。

韓宗騍（1648-1659），字猶龍。出家後法號函可，字祖心。入瀋陽後更號剩人，又號罪禿、擖搔，廣東博羅人。父親韓日纘，萬曆三十五年（1607）進士，累官禮部尚書。[10]宗騍從八歲開始，跟隨父親居於京中。二十六歲父逝，送父靈柩返鄉，所以京中為主的生活長達十八年。即宗騍的成長時期大都居於兩京。這段期間即萬曆四十六年（1618）至崇禎九年（1637），正當明朝內憂、外患的開始。尤以天啟年間魏忠賢的用事，不但親耳聽聞父執輩受害的事實，也有親隨父親避禍南京的經歷。他隨父親避禍南京至崇禎初年，魏禍平息，韓日纘才以禮部尚書充經筵講官調回北京。宗騍是親身體會過黨禍之害。深刻的體驗當官的艱辛、禍福與無常。也許這些經歷就是影響他日後不意願當官原因之一。從丁澎〈塔碑銘〉所記，他於補博羅縣學生員後曾無心求進，行為自放，顯示出他已對出仕（前途）的矛盾。但不久後，即潛心義理之學。

韓日纘於崇禎六年（1633）受召返京，以禮部尚書充經筵講官、實錄館總裁。正當他滿懷希望積極教誨館員之際，驟然而逝。韓宗騍一旦失去精神的支柱，又再一次體驗了人

10　見阮元《廣東通志》，卷 291，〈列傳〉24。臺北市：中華叢書，1959。頁 5019-5020。

生的無常。回鄉後認真的思考出處的問題，先後歷經三年，最後決定出家，時年二十九歲，隨禮道獨入匡山，至曹溪，禮六祖下髮舟中，法號函可。宗騋的出家只是眾多例子中之一例，本文在此部分將以宗騋周遭朋友為例，探討明末知識份子對出處感到矛盾的反常原因及大概的情形。

　　雖然已經出世了，但他仍擁抱著熱烈的愛國情懷、入世情懷。明朝滅亡的傷痛、南都再立的喜悅，都形諸辭色。弘光帝於南京立國（以明年 1644 年為弘光元年），八月，函可母喪，舉喪完畢，十二月，函可和尚即以印經為名趕赴南京。到達南京已是崇禎十七年（1644）底，在這個仍屬崇禎年號的除夕，他在那股百感交集與不捨的情懷下，寫了感傷悲痛的詩歌，盡情顯露他的愛國情懷，他深藏的入世情懷終於被激發出來。住了幾個月正準備回鄉時清兵南下，明都再陷，他滯留南京。函可和尚把當時所見的朝野內外情景寫了一首長編詩，名為〈再變記〉。他的入世情懷再一次被激發出來。這些詩歌在和尚南返時被城守所發現，函可和尚因而被捕，身罹文字之獄，造成函可和尚被放東北（1648）的原因。〈再變記〉的披露，扯出洪承疇與韓家的關係。因函可和尚所持出關牌照為洪承疇所發，正因為他是韓日纘的學生而取得通關牌照。事發後為了避嫌，洪承疇把函可案件交內院處理，結果函可被發放瀋陽焚修。此事對洪承疇又做成甚麼影響？函可是何時找上洪承疇？這方面沒有文字記錄，從明人詩文散記可知洪承疇對韓家的援助尚不只如此，側面看到歸順異族統治後的洪承疇也有另一個面目。本文在此切入探究清人入關後第一宗因文字獄成流民的始末及連帶關係。

函可和尚入瀋陽後第四年，當他知道家鄉慘變後，更號剩人。這是他在極度悲痛激憤的情形下對戰爭的控訴，也是自悼。因為和尚離家後，就再沒有家鄉的消息，直到入瀋陽後第四年（1651）道獨和尚遣弟子真乘入瀋陽訪函可，從道獨和尚來信中才得知家鄉消息。原來韓家在清兵南下時遭難犧牲，只倖存一弟一侄。但函可和尚在得信之後不到一年，其弟亦遇害。在南京他接受了國家真正滅亡的事實，來到瀋陽他要接受家族全亡的事實。遭逢巨慟，他將激憤之情寄諸詩歌，並更號為剩人，故又稱剩人和尚。他圓寂於瀋陽，在東北共十二年，逝時四十九歲。[11]函和和尚是遺民僧人也是遺民詩人，本文中對於此段期間探討了詩人函可和尚在瀋陽開詩社的情形、從其詩作中尋找他心情由悲憤、激憤、頓悟的轉折情形。最後從函可和尚的思想、詩作、交遊等去了解他被放逐的生活，忽然發現函可和尚的積極面，他已把家、國之愛昇華為對人的大愛，從對朋友、信眾與弘法等行為上一一演繹出來。

其實被放後的函可和尚是另一個積極人生旅程的開始。更名為剩人和尚並不像一般遺民隱居山林終其一生，他要奮餘生之力，讓生命發揮到盡致。在這段期間，他的成就包括：1.弘法方面，他為東北建立了正確的佛教觀、他把南禪傳至北地、所著語錄更傳至韓國，對佛教方面而言，固然是一大貢獻。2.堅持發揚中國傳統忠、孝的精神，處處以忠孝教人，既弘揚了儒教，也以發揚民族精神為抵抗異族統治的方法。

---

11 九龍真逸《勝朝粵東遺民錄》卷 4，〈函可傳〉，收入《清代傳記叢刊》70 冊。台北市：文明書局，1985。頁 32-39。

3.與陸續被放東北的流人交往，在佛法開導、忠、孝互勉、詩歌共和之下，成爲流人的精神支柱，甚至是成爲流人們的生活中導師。他帶領著流人在悲痛失意中寄存著積極頑強向上的意志，而且充滿濟世情懷。4.和尚自身在佛法的薰陶下，領悟儒、佛雖異，而其道相同的道理。通過剩人和尚在東北十二年的生活表現亦可探知這與諸多明遺民的堅持態度是相同的。（如：顧亭林、王夫之、黃宗羲、屈大均等）但有所不同的是他在佛法的薰陶下培養出一個更寬容的胸懷，而且有所頓悟，泯滅了仇恨。他的弘法、交友，除了漢人，也同時接受了滿人。

　　本文除了第一章緒論，第八章總結以外，第二章探討明朝末年士子在末世混亂的環境中對於出處方面的矛盾與選擇。因爲明末外交緊張，爲政者無能以抗、社會混亂無能安、政治腐敗無能振、朝臣受殘害，無能止、無能申，這種環境下，有志之士恐怕也難以發揮才能，達到濟世安民的理想，因而造成一些青年士子對官途卻步。本章先從史籍的記載，探看明末時之國際情勢、國內大事，以求了解當時社會背景與造成對官途卻步之原因。同時以函昰、梁未央等的出處抉擇以進一步說明當時青年的矛盾的情形。函昰（曾起莘）是於崇禎十三年以孝廉出家的。函可和尚（韓宗騋）於崇禎十二年出家，[12]梁未央卻面對在出處徘徊難決。函昰和尚對於友人的矛盾，只提供他「選官選佛但從長」、「雪與梅花一樣香」。[13]的說法。程篁墩在萬曆初年即萌退隱之意等。[14]方

12 同註 10。
13 函昰《瞎堂詩集》卷 17，〈送梁未央北上〉二首。

文以為程先生於全盛時萌退隱是「奇矣」。而自己於明亡後歸隱卻是合情理。但又稱許函可和尚能「**預知今日事，削髮八年前**」。[15]其實函可的出家、程篁墩萌退隱都有同樣的因素所影響，都是對時局觀察入微、失望，各有其遠見的選擇，也許是意味著對政治的不滿、對當時政治者失望的一種無言抗議？總之在明代末年，「唯有讀書高」的觀念已經受到考驗。對於這一方面的參考文獻，大都從有關人物的詩集、文集中互贈答的詩文互相參證為主。

對於探討函可和尚出家以後遭逢清兵入關，到南都再陷的一段期間所表現出世之後的入世情懷，是國難的關係，把他隱藏內心的愛國愛民的情懷牽引出來，清楚地呈現眾人之前。函可和尚跟當時大部分人民一樣為清兵入關而悲痛、為南都再建而興奮不已，他親自到南京悼明之亡，一方面為南明打氣，表示了同仇敵愾的態度。第二年南都亦破落，他憤筆疾書把當時時勢、清兵南下時景況、抗敵情景等寫為長篇詩。入世真情已全被激發，呈露。第三年秋，他終於趁清兵遠離南京之際準備南返家鄉，卻因城守發現他的記事詩而被捕。這一章除了說明函可和尚的出世後之入世情懷以外，又再一次顯示明末知識青年的矛盾。至於函可和尚不顧一切憤筆疾書的長篇詩〈再變記〉，有關這部份，試從最原始的資

---

14 方文《嵞山集》卷1，〈宋遺民詠〉序云：「程篁敏先生作《宋遺民錄》於萬曆初年，是時海內全盛，人爭趨朝，而先生即興懷遺民，亦奇矣。崇禎甲申之變，從古所無，士生其時者，悲痛欲絕，甘心隱遯不復萌仕進之念，因取宋遺民而詠之，…以知予志之所在矣」。收入《四庫禁燬書叢刊》，集部，71。北京市：北京出版社，2000。頁集71-424。
15 同上。卷5，〈贈祖心師〉。頁集71-473。

料，即從眾人詩文集中加以探索。如有否關於〈再變記〉的內容、體裁。旁人對函可和尚寫詩的觀感，朋友間在南京陷落時的情形和贈詩等。以求了解在該時期明遺民的心情與表現。

　　第三章探討函可和尚歸鄉路之阻滯至禍起的經過。本章將通過其友人送行詩梳理其歸程受阻之情形。從洪承疇的通關牌照顯示出韓家與洪承疇的關係。除了發通關牌照，洪承疇對韓氏孤兒尚有其他的援助？函可一案對洪承疇的影響如何？此章亦可見出此一時期降官與遺民間的無奈。有關函可和尚的歸程部分陳寅恪《柳如是別集》曾分析過，甚至懷疑函可在被捕前就已回鄉一次從事反清活動，又以為錢謙益之被囚得釋可能通過函可與洪承疇有關，但都是假設，至今尚未找到支持的証據，所以這一章也以保守的從各相關人物專集中尋找可靠資料來分析。

　　第四章以函可和尚劫後餘生所作的種種行為表現為例，說明一些飽受儒家文化薰陶的明遺民對原則的堅持與不屈的精神。本章探討包括：1.他如何收拾自己極度悲憤的心情，以剩人和尚的名字從新出發的經過。2.組成冰天詩社，組詩社的目的、成員、阻力等。總之，宣示他頑強的心志，表現不屈的民族精神，側面的來說，他為其悲愴的心情找到寄託與出口。3.貫徹主張，以傳揚民族精神為己任。以日常生活實踐主張，隨時以忠、孝教化眾人，把對家、國的愛轉化成對眾人的教化上。4.理性的剔除仇恨，展示了寬弘的胸懷。他接受了一切的人，不論窮、富，漢、滿等…。把對家、國的愛擴展得更廣大。然而從他的詩篇中仍隨處可以發現失去家國的悲涼，國破家亡的傷痛是永遠烙在他的心裡。

　　第五章旨在說明剩人和尚的思想與主張。其主要者有
二：1.忠、孝的思想。2.儒、佛道理殊途同歸。3.「西來意」
之說。剩人和尚主張忠孝，除自身奉行外，並落實於教化眾
人的行為上，此部分將於其詩作及語錄中舉例說明。其次，
他認為儒、佛道理最終目的仁。所以不管為僧、為儒都無關
係，能加以推行達到仁的標準就是。因此得出「**真儒必不為
佛，真佛必不為儒**」的結論。依此說法，儒佛的最高境界是
相同，身分上不必如世俗眼光的畫清界線，處於對立狀態，
儒者可以講佛，釋者可以行儒者的行為。所以他始終推揚忠、
孝，要求實踐忠、孝。如此也使得他身為釋者大行儒家思想
的行為是合理化。為自己洗脫叛儒的罪名，也是回應了世俗
人對入清後眾多逃禪者被冠以「棄儒從佛」的貶辭。再其次，
關於「西來意」之說。他是用以指一切不知其所以然的心志
與行為，它是出於自然、衷心的，也是無常、天意的。「西
來意」是一種突然而來，不可逆的改變。他在《千山剩人禪
師語錄》中舉列自己曾前後互異的行為作例說明。「西來意」
與他另一主張「經意」是有關連的。「經意」是要把握當下，
及時而為之意。「西來意」一到，凡事「不能經意」。徒增
無奈，他在其《千山詩集》〈自序〉中以「**風吹鈴鳴塔**」作
了比喻。並勉勵知己，當及時努力，無待一切不能經意。「西
來意」、「經意」，兩詞聽起來就很有禪意，分析起來有儒
家知行合一的行為要求，道家無常的感悟，以佛家禪意的和
合總成出函可和尚晚年參悟的複雜語。兼具儒佛道的成分。
有了以上兩種頓悟，函可和尚的心靈得以超脫，擺脫世俗對
儒、佛的呆板觀念枷鎖，篤實的履行儒、佛兼施。本章以其

《詩集》及《語錄》爲主要參考材料，其中〈答李居士書〉是談儒、佛共通理論的主要參考文章。

第六章探討函可和尚的詩。首先是函可和尚的一生與他的詩所產生的因果關係。函可和尚也是詩人，他因寫詩的關係而觸犯忌諱流放瀋陽，爲清第一個因文字獄流放的受害者。被放後以詩歌寄情述志，抒發懷抱。因此寫下了許多真情而別有風格的詩，其弟子今何稱之爲「奇」詩。[16]而他自己卻感性的說：「予血化作詩」。[17]這些血化的詩在他死去百多年，竟遭查禁列爲禁書，這是函可和尚的詩二度被列爲有罪。如此連環相互影響使這些罪之詩顯得更奇。其次探討函可和尚的詩風。詩人和尚還把詩實用化，如以詩教論、代扎等。也有戲寫的詩，從中呈現其風趣天真的另一面，有助於更進一步認識函可和尚的真實面。將引詩以証之。

第七章有關函可和尚的交友。函可和尚的人生中每個階段都有影響其至深的朋友，如出家前的函昰、梁朝鍾，與他踏入佛門有很大的關係。在南京時期的顧夢遊，是他聲氣相同，生死與共的朋友。甚至可能因爲連帶的關係函可和尚才可逃過一死而流放瀋陽。入瀋陽以後的左懋泰是讓他從悲愴中振作起來的人，他們共組「冰天詩社」，使悲愴的情懷找到抒發的出口。李居士究是何人？是他引發函可（剩人）和尚大談儒佛共通理論的人。本章希望能深入探討函可和尚與各朋友之交情及影響。

函可和尚可能因偏處於東北，所以有關他的研究就很

---

16 釋函可《千山詩集》卷首，今何〈序〉。頁集 144-446。
17 同上卷 3，〈讀杜詩〉。頁 481。

少，只見有屈大均〈僧祖心詩〉、陳伯陶〈函可傳〉、汪宗
衍〈函可和尚再變記案〉、〈千山剩人和尚語錄及其逸事〉
等文章，此外陳融、王在民、陳此生也寫過相關文章。以上
文章均見於 1970 年韓卓父不膠齋重印《千山剩人語錄》之〈附
錄〉中。陳寅恪《柳如是別集》其中有關錢謙益的獲釋，連
帶對函可和尚在南京滯留時間作過考證與提出疑問，但尚未
作出結論。近年明遺民文學比較受到注意，2007 年瀋陽出《千
山詩集校注》、2008 年香港中文大學出版《千山詩集》、2008/12
中研院中國文哲研究所也出版《千山詩集》。最近一些地方
的網頁在歷史人物介紹方面，也有關於他的介紹，而且只止
於介紹，並未做深入研究探討。且有值得商榷之處，如有報
導說他入瀋後，無機會返鄉而鬱鬱終死異鄉。既然可以利用
的文獻有限，故本文之研究材料就嘗試歸於原始，以原始資
料疏理互證為主。如函可和尚的詩集、語錄，及其各朋友的
詩、文集、地方志、相關史書記載等，希望在相互參照下發
現他的真相。

　　本文探討之主旨，縱的而言，希望以函可為例探究得明
末政治敗壞之際，對士人出處的影響及入清後士人的矛盾表
現。橫的而言，希望瞭解函可和尚在明遺民文學史上之特色
與貢獻。

　　研究方法方面：1.以函可和尚由明仕宦子弟，卻轉入出
家之途為例，先歸納明末國內外之情勢，探討明末之時代背
景及其對當時社會之影響。再歸納其友人對出處的態度，以
說明函可的選擇不是個案，而是政治影響人心的一種社會普
遍現象。2.有關函可和尚滯留南京至遇禍部份，則利用其朋

友的詩文及往來詩歌互相參証。3.函可和尚最大之成就，是
被放之後創作了大量詩歌以寄懷；把對家國的愛昇華爲對眾
人的大愛；對儒佛思想合一之理論主張。有關這部份，則主
要從其詩歌作品與語錄中去探索發現。

　　本文所引用函可詩文等俱據《四庫禁燬書刊》集部第 144
冊所收《千山詩集》、香港金強印務，1970 出版《千山剩人
禪師語錄》、臺北市：臺灣商務，1986 出版汪宗衍《千山剩
人和尚年譜》爲主。

第二章　從韓宗騋到函可和尚
—— 明末士子出處的矛盾

　　本章旨在探討函可和尚身爲尚書之子，爲甚麼一旦父親去世後即萌生出世的想法；出家後，明都被陷，繼之南都又陷時，爲何又突然作出種種入世行爲的表現，致使最後身陷刑獄，流放瀋陽而終其生。函可和尚矛盾的行爲，是來自其外在對客觀局勢的認知及內在修養品賦醒覺的關係。以函可和尚爲例，可以發現明末腐敗的政治讓士子對出處造成矛盾，帶來抉擇之痛苦；明末士人爲僧，讓此時期的佛教注入儒家思想，而一些儒家思想背景的僧人，開始在儒、佛間異中求同。

　　茲分析函可的出世行爲及入世情懷。他在亡國前選擇出家是受其外在因素影響。所謂外因是來自他的成長環境，因追隨父親任官京中，對當時國內外大事時有所聞，又親見父執輩的官場遭遇，所以比一般同年齡的人更瞭解時局之不可爲與官場險惡。

　　出家後表現之入世情懷，是受其內在因素影響。所謂內在因素，是指他從小受着傳統式教育，家教森嚴，父親又是一個恪守儒家本分、敬業的人，函可和尚受薰陶培養出忠、

孝濟世的情懷。而函可本身又具悲憫之品賦，當明清易代之際，身處離亂中，殺戮、抗敵等之慘烈，激發慈憫不捨之心，可以說是良知的醒覺，使他與遺民百姓同進退，他的心情和行為與一般士人是同理的，因此以詩寫史。茲就這兩種現象分析如下：

第一節　盛世中之出世行為

一、有關外在因素

國內外大事、朝上風波、社會狀況等都是函可和尚從小的見聞。按汪宗衍《明末剩人和尚年譜》其生活於兩京的時間為萬曆四十六年（1618）至崇禎九年（1636），共 12 年，即八歲至二十六歲。[1]這段期間也許往返家鄉，但《年譜》中未見居家鄉記錄。總之，此一時期之國內、外大事應是他從小之見聞，對他有深切之影響：

（一）國際形勢

函可和尚到京那年是萬曆四十六年（1618），正是努爾哈赤以「七大恨告天」，正式宣示興兵反明的年頭。[2]面對外患，天啟六、七（1626-1627）年，雖有袁崇煥的大捷，消息

1 見汪宗衍《年譜》。臺北市：1986，臺灣商務。
2 王先謙《十二朝東華錄》第一冊，文海。及《清史紀事本末》卷 2，〈遼藩建國〉台北：民 62（1973），7 月再版。

傳來，朝中人心振奮，韓日纘高興地寫了〈聞京師捷音志喜〉
詩八首。但當時發展正熾的魏禍也影響邊疆情勢，袁崇煥被
魏黨彈刻而請歸里。[3]思宗即位，崇煥再被起用。但思宗又隨
即中反間計而殺袁崇煥，自燬城牆，而後金則已繞道山海關
入內地了。國際關係日益緊張，而明朝的主政者表現瞶瞶。[4]
儘管崇禎帝即位之初，似有一番新氣象，肅清了魏黨，起用
受黨害的人，如起用陳子壯父子、召回韓日纘、起用袁崇煥
並授以尚方寶劍，托以收復邊疆之效等。展示了再造中興的
決心，但都只是曇花一現。崇禎帝，生於萬曆三十八年（1610）
十二月，比韓宗騋長一歲，崇禎三年（1630）殺袁崇煥時是
二十歲。且明朝積習已久，又闇於用人，終致再度信任宦官，
無法回天。[5]

（二）國內大勢

1.萬曆以來的混亂政治局面

　　當宗騋到京的的第二年，朝廷上正是上演著一件又一件
的亂案，「紅丸案」、「移宮案」等，有近於家務的案子，
可以說朝廷是自顧不暇。一片混亂下，[6]隨之魏黨的為禍、崇
禎時外患日益緊張，而崇禎帝之殺袁崇煥，自燬城牆嚴重打

3　〈聞京師捷音志喜〉八首，見《韓文恪集》卷 10。頁補 70-589。
4　九龍真逸《明季東莞五忠傳》卷上，〈袁崇煥傳〉。《明史》，列傳 147，
　　卷 259。王先謙《十二朝東華錄》，卷 1，天命三年。臺北市：文海，（民
　　52）1963。頁 19。
5　《明史》卷 23，本紀 23，台北：鼎文書局，1982。
6　《明□宗□皇帝實錄》、《崇禎記聞錄》、及《崇禎實錄》，卷之 1，臺
　　北市：大通書局，1987（民 76），頁 41。

擊了邊將士氣。從此戰事更不可爲，儘管不斷傳來戰敗而死、論罪棄市、論戍，頻換邊將，以太監監軍徒增怨氣。崇禎六、七年（1633-1634），耿仲明、孔有德、尙可喜都降於清。遼東海防盡解。八年（1635），李自成與張獻忠合，流寇之亂日漸壯大、饑兵叛變……加之天災、飢民已成不可止遏。[7]

2.魏黨爲禍

　　熹宗即位（1621）起用魏忠賢，魏氏提督東廠，從此興大獄，天啓三年（1623）至天啓七年（1627）八月，熹宗崩，思宗即位，魏亂始得平定。這四年多中，朝廷是陷入另一個黑暗境界。天啓五、六（1625-1626）兩年，黨禍最爲嚴重，宗騄眼見耳聞先賢受害、慘死，如楊漣、左光斗、魏大中等，均受酷刑死獄中；工部郎中萬璟值論魏氏罪被杖死等，事實俱在，[8]連自己也要跟父親到南京躲禍，當然是感受深刻。又韓日纘因拒絕魏黨的羅致，恐招禍，因而請乞歸里，但終不獲准，最後只好請調南京。魏黨之禍，韓宗騄正值十三至十七歲之間，當然能體會環境的險惡、朝廷官員生命之無保障。對於當時的政治的腐爛、朝臣的無奈，而追隨在父親身邊的韓宗騄應是有深刻的體會。尤以同鄉前輩紛紛因魏禍受害，同是離家任官的韓家，大概也有身受的感覺。如當時陳子壯

---

7 《明史》〈本紀〉卷 23，〈莊烈帝本紀〉台北：鼎文，1982。如：二年楊鎬棄市。三年，清兵克灤州。庚寅，逮總督薊遼都御史劉策下獄，論死。三年秋八月癸亥，殺袁崇煥。九月己卯，逮錢龍錫下獄。五年，孫元化棄市。劉宇烈下獄，論戍。七年，陳奇瑜下獄，論戍。八年皇陵失守，逮總督漕運尙書楊一鵬下獄，尋棄市。

8 九龍真逸《明季東莞五忠傳》卷上〈袁崇煥傳〉。《明史》，列傳 147，卷 259。王先謙《十二朝東華錄》，卷 1，天命三年。臺北市：文海，（民52）1963。頁 19。

父子、梁元柱、袁崇煥等皆受黨禍之害：

　　陳子壯（1596-1647）字集生，號秋濤，南海沙貝鄉人。萬曆四十七年（1619）進士，廷對及第，第三名，授翰林院編修，同充修史館。父熙昌公，萬曆四十五年（1617）進士，官至吏部給侍事中。父子因彈劾魏忠賢，遂被譖，父子同日削職還鄉。[9]子壯返鄉後與諸文人及同被削官的文人以詩歌唱和，組「訶林淨社」。有如廣東之東林。他寫了一首詩〈秋日自遣遂成長篇〉，中云：

> …弱冠遇神祖，得侍今皇帝。父也入省垣，分值聯班侍。諫劄傳人口，金貂側目視。…翰苑忝虛名，耳食思羅致。…鄙塢椓題新，乞我元勳字。餂我以遷除，嚇我以械繫。…我生命在天，區區敢爲祟。…賢書等皋書，所作應謗誹。父已駐天南，褫奪傷連累。…累若或非恩，偕隱多君賜。我躬不閱後，動色皆顧忌。喪篝疾雷同，高天何日霽。瓜葛盡株蔓，四方走緹騎。召獄剟群紳，有若遊屠肆。出守滿邊津，…三臺衰率寵，媚尸祝流藩。鎮茅土爵延，世不避勸進。名且援專征，例汙淖太學。傍推崇配禴，祭築怨歸大。工沉冤激天地…[10]

9　〈陳文忠公行狀〉，《勝朝粵東遺民錄》勝附，臺北市：明文書局，（民74）1985 初版。崇禎初陳氏父子再被起用，子壯累官禮部右侍郎，後以言事下獄減死放歸。南都立以餉助軍，起兵部尙書。唐王起兵部尙書，永歷間起義兵與張家玉、陳邦彥互爲犄角攻廣州欲牽制清兵，兵敗被執死。父熙昌公，崇禎初起用吏科都給事中，值病卒，贈太常市寺少卿。

10　《陳文忠公遺集》卷之 5，收入《叢書集成續編》第 149 冊，頁 73。臺北市：新文豐出版社，（民78）1989，台一版。

據詩中子壯自言，因拒絕爲魏黨題「元勳」兩字而遭恐嚇，下獄、奪官。揭露獄中如「屠肆」的慘狀，黨羽「四方走緹騎」、「出守滿邊津」的恐怖、緊張情景。爲魏黨的爲禍提供了原始的參考資料。

梁元柱（1588-1635），以疏劾魏忠賢而削籍還鄉。元柱字仲玉、一字森琅，順德人。天啓壬戌（1622）進士，官至陝西道御史，由於劾魏忠賢而被罷官。南歸後，築「偶然堂」於廣州越秀山麓隱居，常醉後縱筆書畫托志。又與鄺露、黎遂球、二嚴、陳子壯、梁繼善、趙焞夫等組訶林淨社，著有《偶然堂集》。[11]

此外邊疆上的袁崇煥因遭魏黨誣劾而自請休去，與追隨他在邊上的二嚴、鄧楨一同還鄉。

袁崇煥（1584-1630）字元素，一字自如。祖籍廣東。萬曆四十七年（1619）進士，觀政工部授邵武知縣。爲人少好談兵，肝腸熱血。天啓二年（1622），二月，袁崇煥被任命爲兵部職方主事，同月又被破格提拔爲山東按察司僉事，監軍山海。天啓七年（1627）遭魏黨彈劾罷休，崇禎元年再起用，崇禎三年（1630），帝誤信後金之反間計，遂被殺。[12]

二嚴（李雲龍），字煙客，補諸生。袁崇煥總制三邊時，李孫宸舉薦蓮社成員鄧楨和李雲龍入袁崇煥幕府爲客。[13]二

---

11 《勝朝粵東遺民錄》卷4，頁31-32。〈方外・二嚴傳〉、〈趙焞夫傳〉卷1，收入《清代傳記叢刊》第70冊，臺北市，明文書局，1985。頁46-47。

12 《明史》本傳、又《明東莞五忠傳》收入《明清史料彙編》，八集，75冊，臺北縣永和鎮：文海，1973。

13 李孫宸，字伯襄，廣東省中山縣（今中山市）小欖人萬曆四十一年（1613年）進士，天啓六年（1626）爲南京左右侍郎。崇禎三年召回晉禮部尚書。崇禎六年上疏乞退歸隱，旋即病故於任，終年55歲。著有《建霞樓集》。

嚴因此走塞上客崇煥所。李孫宸於天啓六年（1626）為南京左右侍郎，崇禎三年（1630）被召回京，晉禮部尚書。所以韓、李曾同在南京，而韓詩集中亦有多首與李的詩。天啓間魏黨羽刻崇煥不救錦州，崇煥請歸，與二嚴、鄧楨等同返里。崇禎即位崇煥被召回起用，二嚴、鄧楨隨赴，之後請歸。後崇煥被殺後，二嚴禮道獨出家，國亡後，不知所終。[14]

韓日纘當時在朝任官已二十多年，為避禍自請罷官歸里，但凡三次都未獲准，最後只能調任南京。日纘四次請罷官：

一、在天啓六年（1626）上乞罷，不獲准，而以原官調任南京。[15]

二、赴任南京途中患病，乞准回籍，改任南京禮部右侍郎兼翰林院侍讀學士。

韓日纘於天啓六年（1626）四月，出京赴任，途中生病，上疏請歸疏云：

> 觸冒寒威，夙病徙作，痰喘嘔逆，眩暈、怔忡諸症並攻，延醫調治謂病勢延綿，未可旦夕⋯至情非有假托，容臣回籍調庶或痊可有期。[16]

奏中言詞懇切，由其義子韓忠急上朝廷。未准而改任南京禮部右侍郎兼翰林院侍讀學士。

三、未到任而中途又接吏部函改授南京禮部尚書。日纘命義子再奏辭，又不獲准。得聖旨簡畀：「着即遵

14　《勝朝粵東遺民錄》〈方外・二嚴傳〉。卷4，頁31-32。

15　《熹宗實錄》，及《韓文恪公文集》收入《四庫禁燬書叢刊補編》冊70。

16　〈中途告病疏〉《韓文恪文集》。頁補70-16。

命赴任，不必遜辭」。於五月二十五日到任。[17]

四、崇禎即位後起用群臣，日纘於崇禎六年（1633）召
　　回京，因已不戀棧官場，上〈自陳疏〉乞辭。自言
　　已「通籍詞苑廿有八年…」，不職乞罷。

結果得聖旨：「卿講讀教習學行素優，着照舊供職，不
准辭。」只好繼續任官北京。

韓日纘是迫於無奈情形下才任職南京，[18]其實到南京
後，他也有隱退之意。按《勝朝粵東遺民錄》〈二嚴傳〉說，
二嚴因痛憤袁崇煥遭魏黨彈劾而罷，於是鬱鬱生退隱意，並
與韓日纘商量回羅浮修興搆院宇。[19]因此韓日纘在避處南京
後，真的不戀棧官場。後又調回北京不獲准辭。只得繼續任官。

依此看來明末當官很無奈，認真的當好官不一定行，不
想當也不行，是使人對官途卻步原因之一。同時可以想見天
啟年間的廣州，一批意氣相投，遭遇被罷的官員，相聚結社
的勝況。陳子壯回鄉後在廣州結「訶林淨社」，成員有鄺露、
黎遂球、二嚴、梁繼善、趙焞夫等，彼此詩歌唱和。袁崇煥
有沒有參加詩社則未確定，但他是有到過訶林，寫了一首〈過
訶林寺口占〉詩：

四十年來過半身，望中祇樹隔紅塵。

如今著足空王地，多了從前學殺人。[20]

17　韓日纘《韓文恪文集》收《四庫禁燬書叢刊補編》冊70。〈辭南京禮部
　　尚書疏〉、〈南京掌院到任疏〉、〈禮部到任疏〉。頁補70-13-14。
18　韓日纘《韓文恪集》，卷首，〈南京掌院到任疏〉、〈禮部到任疏〉。
　　頁補70-13。
19　同註14。
20　《袁都師遺集》卷3，收入《明清史料彙刊》第八集，第75冊。頁52。
　　臺北：文明書局，1985。

　　崇禎初年頗有一番新氣象。魏黨之亂平息，元年（1628）即起用袁崇煥、起用遭魏黨罷官者，如陳子壯父子，又召回韓日纘等。當日袁崇煥再起用，離粵北上，好友送別，趙焞夫繪餞別圖，陳子壯等十九人賦詩贈別，子壯並於圖首題「膚公雅奏」。他又寫了一首〈送袁自如少司馬還朝〉詩。中云：「**此去中興麟閣待，燕然新勒更何辭**」，[21]可見同鄉好友對袁崇煥之復出是感到振奮與期待。所以他後來的冤死，對這群晚明士大夫而言，必然是造成精神上一大挫折，甚至讓人喪氣。也許只能深藏內心的無奈與恐懼，有識之士更認清當時國家日受強敵威脅，而主政者顯露出昏庸、無用人之明，不足以抗敵的困窘。當日相送袁崇煥的二十人中如鄺露、陳子壯等，都於日後抗敵而殉。所以他們都是一群愛國忠烈之士。[22]

3.崇禎之再度信任宦官

　　崇禎帝即位之初平息了魏忠賢之爲禍，起用受黨禍之害的文臣武將，卻又自毀城長的殺了袁崇煥。無知昏庸中又似有一點想上進之意，如仍着意於筵官講學。韓日纘於崇禎六（1633）年被召回，以禮部尚書充筵講官。陳子壯父子再被

---

21 《陳文忠公遺集》卷六。頁 81。
22 汪宗衍〈袁崇煥督遼餞別圖詠卷〉見《廣東文物叢談》，香港：中華書局，1974。頁 145。十九人即陳子壯、梁國棟、黎密、歐必元、歐懷年、釋通岸、鄺露、梁稷、傅于亮、陶標、鄧楨、吳邦佐、韓□、戴柱、彭昌翰、李膺、呂非熊、釋超逸、釋通炯等。陳子壯死於 1647 年清兵下廣東西走之際與陳邦彥、張家玉相約起兵牽兵戰役中。鄺露（1604—1650）廣東南海人，工於詩詞、駢文各體，通曉兵法、騎馬、擊劍、射箭。秉性不羈，鄙視金錢，不慕科名南明唐王時任中書舍人，永曆帝時出使廣州，清兵入粵，鄺露與諸將戮力死守，凡十餘月，城陷，不食，抱琴而死。

起用，但子壯父未赴任而終。子壯充講官，與韓日纘一同進講。[23]但後來又漸重用宦官，甚至只倚仗宦官。從崇禎二年（1629）開始，以曹化淳提督南京織造，後又提督東廠。該年底清兵南下，以王應朝監視行營，馮元飇覈軍訖，始下戶部發餉。提督九門、皇城門，司鳳翔總督忠勇營、京營。四年（1631）九月以張彝憲總理戶、工二部錢糧，給事中宋可久等相繼諫，不聽。十一月，以太監李奇茂監視陝西茶馬，吳直監視登島兵糧、海禁，群臣合疏諫，不聽。當大臣言及內臣時，或回答說：「諸臣若實心任事，朕亦何需此輩」。五年（1632），命太監曹化淳提都督京營戎政、六年（1633）命太監高起潛監視寧錦兵餉。群臣中直而敢諫的，勸而不聽，這顯示崇禎帝非常不信任大臣。對於大臣的勸諫一律不聽。尤以崇禎六年（1633）王志道奏疏王坤干政而遭削籍。[24]關於此事，陳子壯有一則詳細的記載：

> 崇禎六年（1633）二月，上召五府六部等官至文華殿召對，為副都御史王志道參王坤疏，面告數次。上云：此數者俱少事，無大過，用內臣不要錢，爾文官做得何事，本當架上挈了。閣臣跪奏…內臣之監視甚賢，亦已違祖宗朝政之禁。[25]

從上所記，崇禎帝的回答頗為實在的，就是用宦官「不要錢」，而且文官「做得何事」，好像文官都無辦事能力。崇禎帝不

23　見汪宗衍《千山和尚年譜》、《廣東通志》〈韓日纘傳〉、《陳文忠公遺集》卷 7，〈直講記詠〉有序。

24　《明史紀事本末》〈宦侍誤國〉收入《圖書集成》三編 98-99 冊。台北新文豐出版。又見《明史》〈本紀〉23，〈莊烈帝一〉。

25　《陳文忠公遺集》卷 11，〈家書〉十九首，第十九首。頁 141。

但重用宦官，且鄙視文臣，以「內臣監督內閣」，與臣下的
關係當然不和諧。群臣跪奏無效，只有看着政治日非而乾著
急，束手無策。王志道被革為民，朝上小人道長，能厚顏奉
迎，如周延儒，並說：「內臣一日不監督，國事一日不可為」，
即得聖寵。崇禎七年（1634）恢復太監監軍、部的制度。谷
應泰說，崇禎帝是「怒在門戶」，「疑在蒙蔽」，[26]所以重
用宦官。在在都顯示崇禎年間是重用宦官、小人的年代。為
君者剛愎自用、缺乏用人之明，但又有一般庸劣的本性，接
受討好奉迎，為小人所愚弄。身在朝上的官員身殉救不了國，
如袁崇煥；辭官歸去又脫不了身，如韓日纘；直言敢言，重
則惹禍革職，輕則白費氣力，如王志道、陳子壯等事例亦足
以造成年輕士子對官途卻步的一大原因。

（三）社會環境

連年征戰，賦稅頻頻增加。天災之下，飢民、飢兵的問
題無法得到解決。飢兵變後，甚而依附流寇。萬曆四十六年
至崇禎三年即（1618-1630），先後加田賦四次，每畝田共增
11 厘。崇禎十年（1637）因討亂加征剿餉。[27]天啓七年（1627）
三月，陝西澄城王二率數百人起事，開明末民變之始。次年
（1628）高迎祥等紛起，後李自成加入高迎祥，陝西起事聲
勢日大。張獻忠獨樹一幟而起，起事區域日益擴大。按《崇
禎實錄》卷三，崇禎三年（1630）十二月：

---

26 《明史紀事本末》卷 24，〈宦侍誤國〉收入《圖書集成》三編 98-99 冊。
　　台北：新文豐出版。1996。頁 339。
27 《明史》卷 78，〈志〉第 54〈食貨〉，2，鼎文出版，1982 年 11 月 4
　　版。頁 1893-1909。

> 時關中大旱，延安四郊皆盜…張獻忠據十八寨…王嘉
> 胤、齊三據東山寨府穀劫縣，其餘掃地王、上天虎，
> 據清澗保攻寨…後嘉胤死，獻忠委偽降，而嘉胤遺黨
> 王大用等，後入山西河曲縣。饑民神一元等在柳樹澗
> 末為盜…洪承疇與杜文煥等次第討之，賊顏稍稍加
> 懼…尋楊鶴力主撫，而文煥罪去，賊勢遂蔓延矣。[28]

此外崇禎二年（1629）、四年（1631），因為缺餉的崇明兵
變，閩、浙沿海各地有海盜，主要的先有鄭芝龍，後有劉香
之為禍（1632-1635）。流賊的肆虐；六年（1633）陝西、山
西的大饑；七年（1634）的飛蝗蔽天。[29]案《明史》〈本紀〉，
九年（1636），山西大飢至人相食，寧夏飢兵叛變等。所以
社會上最大的問題是無法解決天災與飢荒所帶來的問題，從
安定而言，已經是失控的局面。

二、內在因素方面

（一）來自於教養與本性

在傳統的家庭教育下，父親的言教身教對他可能有深重
的影響；家庭背景的關係，使他能與巨宦名儒論交，而所交

---

28 《崇禎實錄》臺灣文獻史料叢刊第三輯，臺灣文獻叢刊第 294 種，臺灣：
　大通，（民 76）1987。頁 88。

29 王崇熙纂《新安縣志》卷 12，〈海防署〉。臺北市：成文，民 63。《崇
　禎實錄》卷 3，頁 44、卷 5，頁 118、卷 7，頁 135。崇明兵變：見《崇
　禎見聞錄》卷 1，頁 2；卷 2，頁 7。海盜為禍：見《明□宗□皇帝實錄》
　卷之 3，頁 11、頁 44、頁 47、頁 53，卷 7，頁 135。流賊：《崇禎實錄》
　卷之 2，頁 60；《崇禎記聞錄》卷 2，頁 7。大饑：《崇禎實錄》卷 6，
　頁 130。飛蝗蔽天：《崇禎實錄》卷 7，頁 139。

又多爲節義之士，所以早已受到父執輩思想、文學的薰陶。
因爲周遭典範人物事例的激勵，潛移默化培養出獨特的價值
觀及性格。父親的耿介自清，具有身教的作用。尤其避禍南
京的行爲，及重返北京後，一旦投入工作的用心與敬業精神
等，都成爲他做人、做事的典範。梁朝鍾《韓文恪公神道碑》
稱揚韓日纘「忠順孝友」、「善守節履」，尤以天啓間避居
於南京是讓自己守節保身的行爲，是周旋黨禍間的明智之
舉，爲宗騪建立處事之典範。在南京以迴車藉口避入魏祠，
被稱爲「韓子迴車」。故韓宗騪能「超然以遊」、「蛻累于
利聲榮辱之外」，是承日纘之餘緒。[30]崇禎六年（1633）韓
日纘以禮部尚書充經筵講官、實錄總裁召回京，並奉命教習
館員。韓日纘主張：「君子果行育德正士，所以希賢聖而上
之者也。」，奉命與同官林季狒擬定館規，積極培訓人員，
重於端正士風操守。按他們所上館規六款：一、端心術；二、
習啓沃；三、敦素風；四、正文體；五、練經濟；六、養器
識。崇禎帝然之，認爲習啓沃、練經濟、正文體，是實學史
職；端心術，養器識，敦素風爲立身報官根本，規既定，著
令遵旨卒先著實推行。他生平「孝友敦督，課子弟以簡括身
心爲本」。[31]顧夢遊在《千山詩集》〈序〉中稱他：「黨禍
既成後，思以力挽頹波，毅然中立，簡在先帝，旦晚作輔」。
在以上所述的朝上環境下，仍秉持本份有非常的敬業精神，

---

30 梁朝鍾《喻園集》卷 3，〈韓文恪公神道碑〉收入《叢書集成續編》151
　　冊，台北：1989，新文豐出版。台一版。頁 171。
31 韓日纘《韓文恪文集》卷之首，〈館課〉、〈開館紀事〉，收入《四庫
　　禁燬書目補編》第 70 冊。北京市：北京出版，2005，第一版（影印本）。
　　頁補 70-49。

加以正節的風骨，對館人修養的嚴格要求，亦可想見其對自
家中子弟的教養與要求。韓日纘有〈示兒詩〉：

> 汝年八歲始章句…塾師口授能微諷。詩書應不負門
> 風，孔釋似曾親抱送。縱是藍田白玉姿，須教追琢還
> 磨礱。[32]

詩中其父除了肯定他的聰明，詩書也微感滿意，「應不負門
風」，是對他寄厚望的。「追琢」、「磨礱」，就可見家教
的嚴謹與父親的期望。

　　函可天賦本性，悲憫、好義。據函昰《塔銘》載其好義、
豪瀾，為貧士暗中白冤；被市兒所窘，事後不予追究等行為，
足見豁達愛人，天賦悲憫，公正仗義，行事低調的人。[33]

（二）周圍人物的影響

　　韓宗騋能從小親近父親輩，親睹他們的行事作風，如受
魏禍而犧牲的朝廷官員、節烈的袁崇煥、陳子壯，節志清高
的林茂之、月峰伯等，甚至其父親門下生亦有不少忠節者如
倪元璐、馮元飆、黃道周等都是激勵他的典範。所以學問思
想受到薰陶，行為受到激勵。如正直敢言的陳子壯，亦於崇
禎初召回與日纘同任講官。[34]二嚴（李雲龍）是隨袁崇煥於
邊上，林茂之是後來南京主要的遺民，月峰伯是灑脫輕利聲
的族伯，朝中忠直見稱，如：倪元璐、馮元飆、黃道周，皆
出韓日纘門下。

32　《韓文恪公文集》卷 6，頁補 70-559。
33　函昰《塔銘》。
34　《陳文忠公遺集》卷之 7，〈直講紀詠〉序。頁 93。

　　宗騋（函可）不但從父執輩學習，以他們爲典範，亦與他
們互動，一些父輩朋友也是他的忘年交。爲僧之後、流放瀋陽
仍然交往。其〈寄陳公路若〉詩，小引中憶南京生活，云：

　　　丙寅（1626）秋，予侍先子於南都，署中木樨盛開，
　　　月峰伯率一時詞人賦詩其下。予雖學語未成，竊喜得
　　　一一遍誦。及薙髮來南，與茂之相見，已不勝今昔之
　　　歎。今投荒又八年矣，赤公至，述長安護法首舉陳公。
　　　爲吾鄉人，即木樨花下賦詩人也……[35]

其詩又云：

　　　三十年前一小兒，木樨花下共題詩。[36]

描述居南京期間，木樨花盛開，月峰伯招集當詩人於署中花
下賦詩。慶幸自己亦有機會參與盛會。

　　月峯伯是韓日纘族兄，從文中可知，月峯曾任國子博士，
後遷督郵身塞外。平生不戀官職，常飲客滿堂。仕官十餘年，
無糊口之田。[37]

　　陳路若是同鄉人，居南京。黎遂球《蓮鬚閣集》卷十六，
有〈金陵日記〉記黎遂球過金陵，陳路若等相偕遊秦淮情景，
陳氏後爲遺民以終。[38]

茂之即林古度，福建福清人，明末流寓南京，以布衣終老。

---

35 釋函可《千山詩集》卷 12，北京市：北京出版社，2000，第一版（影印
　　本）。頁 144-543。

36 同註 35。頁 144-544。

37 《韓文恪公文集》，卷 20，〈祭宗兄月峯文〉。頁補 70-466。

38 陳路若見前詩。黎遂球，字美周，番禺人。禮獨道爲居士。天啓七年舉
　　人。隆武時，授兵部方司主事，守贛州。城破，殉節，贈兵部尚書，謚
　　忠潛。著有《蓮須閣詩文集》、《易史》。

是清初南京明遺民中，年輩高，又爲人敬重的人物，與錢謙
益、顧炎武、王士禛等詩歌互唱。他年老而貧，身上佩有明
朝錢幣一枚，以示不忘故國。茂之與方文、杜濬等俱隱於南
京。方文於明亡後行醫、賣卜爲生，交遊遍野，一生貧困與
其子方以智互勵。杜濬，工於詩，性廉介，不輕受人之惠，
晚年窮飢自甘，死無以葬，江寧知縣葬之蔣山北梅花村。觀
其交遊，想見其爲人。宗騋（函可和尙）與茂之兩代世交，
函可出家後，再到南京時與他重逢、被放到瀋陽後詩歌往來，
感情深厚。函可稱讚茂之「**典型獨喜先生在，風雅徒另異代
誇。**」[39]所以是很認同像林茂之等人食貧守節的行爲，可
見父執輩對他的影響及他心目中所響往趨向的大概。

　　郝浴撰〈塔碑銘〉說：

> 嗚呼！師固博羅韓尚書文恪公之長子也，文恪公立朝
> 二十年，德業聲施在天下，門下多名儒巨人，故師得
> 把臂論交，雖已聞法，而慈猛忠孝恒加於貴人一等。[40]

　　所以，郝浴認爲，函可的家世、成長背景，是養成他的
文學、思想及有慈、猛、忠、孝性格的主要原因。

　　函可和尙之父日纘是一個具濃厚忠君愛國思想的人，其
現存文集目錄尙有〈建州女直（真？）考〉一文標題，可惜
原文被刪去，又有〈聞遼事有感〉、〈聞京師捷音志喜〉詩，

39　林茂之、杜濬見《清史列傳》、茂之又見黃容《明遺民錄》，杜濬又見
　　《明遺民錄》、《皇明遺民錄》，方文見孫靜庵《明遺民錄》及《皇明
　　遺民錄》。《千山詩集.補遺》〈次林茂之韻二首〉、《廣東通志》，臺
　　北市：中華叢書，民 48。卷 291，〈列傳〉24，頁 5019-5020。

40　見郝浴撰〈千山剩人禪師塔銘〉，釋函可《千山詩集》，北京市：北京
　　出版社，2000，第一版（影印本）。頁 12-13。

可見韓日纘很關心敵情，為國憂喜之情溢於詩文。[41]故函可和尚是繼承其父忠君愛國之思想。

　　綜合以上所得，函可和尚除了多見多聞與受環境薰陶以外，嚴謹的家教與勉勵也是個性養成的主要原因。然而能在紛花繁華世界中掙脫，且能洞燭先機，作出取捨，則是有賴於其足具天賦的智慧。悲天憫人的本性，使他保有出世之心，入世之情。所以其慈、猛、忠、孝的個性是先天足具，後天養成。

三、從入世到出世的心路歷程

　　瞭解了函可和尚的家庭背景，成長過程，與其時之國家困境。再看他的抱負、從少過着極盡繁華之生活，風流出眾的貴公子形象，應該是順理成章當一個領導風潮的人物，比當一個和尚的機會大。然最後卻選擇了出家，歸根到底是對上述政治環境有深刻的體驗外，另方面是理想抱負無法實現的關係。他面對「出仕」、「出家」，曾有過苦痛的內心掙扎。茲說明如下：

（一）對出仕的內心掙扎，從繁華歸於寂靜

　　宗騋（函可）在南京的生活應該是極盡顯貴、名重一時、父子倆，依照吳兆騫的描述應是風采絕倫，所到之處頓成眾目的焦點，想見其出現時受擁簇的情形。與丁澎所述當時南

41　韓日纘《韓文恪文集》頁補 70-25，《韓文恪詩集》，卷 7，頁補 70-568、卷 10，頁補 70-589。

京的生活是相合的。

吳兆騫《奉贈函公五十韻》說：

> 問訊師當日，東南與儁流。尚書蒼玉珮，公子白鼺裘。
> 士譽烏皮几，客聲龍額侯。門方參許史，才欲駕應劉。
> 眾目爭看駿，孤懷早狎鷗。寧知纓冕貴，祇覺鼓鐘愁。
> 茂齒遺家室，良時遯海陬。…[42]

詩中極寫其父子的貴氣風流。父親帶的是蒼玉珮，兒子披的是白鼺裘。一個擁有功名地位，一個才情出眾，一出現，就成為眾人「爭看駿」的焦點。說明年輕時期的函可隨着父親，富貴、風流的模樣是多麼讓人羨慕。

函昰《塔銘》也說：

> 嘗侍文恪公官兩都，聲名傾動一時，海內名人以不獲
> 交韓長公駭為恥。[43]

然而誰曉得這位顯貴公子，卻不留戀這種虛榮生活，他竟看破紅塵。正如吳兆騫所說「孤懷早狎鷗」，終至「祇覺鼓鐘愁」、「茂齒遺家室」。而最後卻落得「遯海陬」。從上所述韓日纘雖在富貴，並不依戀富貴，而宗騋正繼承了這種能捨的餘緒。

（二）生平抱負

宗騋和常人一樣，從小讀書為希望求取功名，故在他十

---

42 吳兆騫《秋茄集》，卷 7。台北市：西南，民 62 再版收入學術叢書；30。
43 函昰〈塔銘〉。見函可《千山詩集》，收入《四庫禁燬書叢刊》；集部；
　　144。北京市：北京出版社，2000・第一版（影印本）。集 144-447。又
　　其《剩人和尚語錄》，1970 年韓卓父重印本所附〈塔銘〉並無此句，僅
　　用「有聲」兩字以代。而間亦有不同字。今據《四庫禁燬書叢刊》本。

六歲，補博羅縣學生員。後來卻出家了，對於自己放棄從小
的理想，他只有慨歎：

> 廿載功名惟蝶夢，五更風雨聽潮雞。…
> 燕子重來王謝改，庭前芳草馬空嘶。[44]

顯示出不能成就功名的無奈，與亡國的悲悽。

從丁澎的〈塔碑銘〉可知他的歸於寂靜是經過一番苦思
掙扎。

> …補博士弟子員，頗絕意進取。日羅聲色，嗜飲酒，
> 前堂置賓客，後帳列伎女。任俠慷慨，交遊鞾□。戶
> 外履相錯，時人慕之，目為豪士。久之，亦棄去。博學
> 工為詩，於詩無所不窺，多探索奧義，尤喜陸子。…[45]

宗騋他既補博士弟子員，其自我放縱的行為，顯然是為
出仕矛盾所苦。十九歲，請陳三官畫意中幻肖圖三十。這種
有如卜問前途的畫，顯示宗騋對前途充滿疑慮。

意中幻肖圖共三十幅一、侍立；二、談心；三、議政；
四、待漏；五、題詠；六、讀史；七、臨帖；八、課徒；九、
遊玩；十、聽濤；十一、談俠；十二、題妓；十三、賭博；
十四、豪飲；十五、醉扶；十六、臥遊；十七、扶犁；十八、
荷鋤；十九、鼓棹；二十、囚困；廿一、乞食；廿二、訪道；
廿三、采樵；廿四、募化；廿五、雲遊；廿六、聽禪；廿七、
趺坐；廿八、說法；廿九、求醫；三十、示寂。

---

44 丁澎〈普濟剩禪師塔碑銘〉《扶荔堂文集》卷12，收入《回族典藏全書·
藝文類》，蘭州市：甘肅文化，2008。頁12-16。
45 丁澎〈普濟剩禪師塔碑銘〉《扶荔堂文集》卷12，收入《回族典藏全書·
藝文類》，蘭州市：甘肅文化，2008。頁12-16。

　　如果這三十圖靈驗，宗騋（函可和尚）十六歲後，爲出
仕矛盾所苦的這段時期，是應驗了十一、十二、十三、十四、
十五等之圖意。他少有匡濟天下之志，儘管在父死回鄉到出
家前仍如此。三十圖，又巧合地函可再活三十年而逝。

　　他徘徊於出處之間，仍關心天下事，與曾起莘、黎遂球、
梁朝鍾、羅賓王等聚散木堂談論當世事。[46]

　　按函昰〈塔銘〉，函可是父死回鄉後，因梁朝鍾而認識
曾起莘。

> 師奔喪往返萬餘里，哀毀未嘗一日，殆歸，閉戶絕交
> 遊，悒悒無生人趣，聞梁孝廉未央好道，力致爲諸弟
> 受業，以此得深知余。[47]

故與梁朝鍾、曾起莘（函昰）聚散木堂談論當世事，當在回
鄉後，出家前之間事。因此他始終懷抱着積極入世的心。而
所交又爲忠義之士。

　　羅賓王爲南昌同知，因徵兵走朱仙鎮，有殺身報國之志，
爲同列所忌，遂歸里與同好聚散木堂談論當世事。[48]後來他
與曾爲僧，梁、黎殉國，羅參加張家玉的抗清舉義，敗後禮
道獨爲僧。

---

46 同上，卷 1.，〈羅賓王傳〉。頁 19。及《勝朝粵東遺民錄》卷 4，〈函
　　可傳〉。頁 33。
47 函昰〈塔銘〉。
48 同上。羅賓王字季作，番禺人。萬歷乙卯舉人，南昌同知，遭忌歸里。
　　清下廣東，參與舉義被捕得釋。禮道獨爲僧，名函駱。著《散木堂集》、
　　《獄中草》等。

（三）最後的歸向

從以上知函可早已了悟人生的無常、生死，父親的驟死更有深一層體驗。而父親欲罷不能的任官遭遇亦足以為戒。所以梁朝鍾稱他能蛻累于利聲榮辱名利，是繼承其父之餘緒。故枉有濟世之心，理想與現實的矛盾衝突，讓他在出處間要作出抉擇。經過一番內心交戰，最後決定出家。他在《語錄》中為自己解釋說，是因為父親驟逝，覺得人生半點靠不住，遂投佛門「求個下落」。[49]而這一決定卻是歷經三年的內心交戰而成。

（四）從了無生趣到積極學佛

出家前之函可因頓失依賴的父親，因而頓感徬徨，他在《語錄》卷 3，自說：

> 不幸先君於乙亥五月十八日在長安謝世，山僧奔訃途中，便見得人間世半點也靠不得，…[50]

回鄉之初，表現是自閉的。函昰描述說：

> 閉門絕交遊，悒悒無生人趣。[51]

幸得韓家私塾老師梁朝鍾的介紹而認識曾起莘（即後來函昰和尚）後得以改變。

> 聞梁孝廉未央好道，力致為諸弟受業，以此得深知余。適余歸自匡山，師亟入廣州一見。輒曰：長齋數

---

49 《語錄》卷 3。
50 同上。
51 釋函昰〈千山剩人可和尚塔銘〉，香港：金強印務，1970，頁 11。

月矣。[52]

於此可見函可認識曾起莘之經過及求道之心切。而梁朝鍾與
曾起莘是成就其出家的兩個關鍵人物。函可亦因此得參與羅
賓王散木堂的聚會。曾起莘（1608-1685），字宅師，廣東番
禺人。十七歲補諸生，與梁朝鍾、黎遂球、羅賓王等遊，縱
論世事，以匡濟天下爲己任。崇禎六年（1633）中舉人。十
三年，上京應試，突轉入盧山禮道獨爲僧。法號函昰，別字
天然。著有《瞎堂詩集》二十卷等，後均列爲禁書。

梁朝鍾，字未央，號車匿，番禺人。幼孤依舅氏霍子衡，
少禮道獨和尚，崇禎十五年進士。明亡幾絕，廣州立，授翰
林院檢討。城陷，赴池自沈，池淺未絕。清兵入，罵敵被三
刃而死，著《喻園集》。[53]

（五）從聞道至出家

當函可知妾有孕後，以韓家有後從此一意望出家。拉起
莘到博羅止園住兩月，求道之心非常殷切。[54]函可又隨起莘
到東官（東莞）雙柏林，觀道獨師徒論道的情形，爲他們的
精采對話而擊節。道獨命參趙州無字，函可所呈偈，道獨都
不滿意「盡叱之」，函可愈加苦思，經七、八日「似木偶負
牆」，突見窗外雷電交加，有悟而成偈曰：

　　道有到無老作精，黃金如玉酒如澠。門前便是長安

---

52 同上。

53 黃佛頤〈梁公朝鍾傳〉，《喻園集》、阮元《廣東通志》，〈列傳〉18。
　　臺北市：新文豐，民 78，台一版。

54 函昰〈塔銘〉。宗騤有妾，只見於〈塔銘〉，凡年譜等均未說及。

路，莫向西湖覓水程。[55]

從此更是不捨晝夜，「微細披剝」。他自言其態度是「輒不避危亡，抵死相依」。歷經兩年出家，時崇禎十二（1639）年六月十九日，和尚二十九歲。隨道獨住入匡山，命掌記室，後還住華首。[56]

綜上所述函可本性正義忠厚，在嚴謹的家庭教育與週遭典範人物的薰陶下培養出濟世為懷，以儒家忠孝為本的思想與人格。當他反求於國家社會時，卻處處又與其理想相違背，在現實與理想的矛盾下，感悟而出家。

第二節　　出世後之入世情懷

函可出家後，他的心是愛國的，國家一旦破滅，那份愛國情懷就按捺不住的自然拼發出來。他的愛國情懷表現於 1.知道國家破亡後的悲慟表現。2.從南京再立的振奮到幻滅。3.寫詩抒懷記事。

其愛國情懷之表現不但說明他是入世，他的心是與普羅士子相連而同理的，是與國家的命運交織在一起，以國之喜

55　函昰〈千山剩人可和尚塔銘〉，頁 12。「因僧問諸識義，老人（道獨）：『我這裡無五識，無六七八識。僧曰：祇麼，則寒灰枯木去也。老人（道獨和尚）曰：寒灰枯木爭解問話』。」又郝浴〈剩人禪師塔碑銘〉，《千山剩人禪師語錄》，頁 20。

56　《語錄》卷 3，函可於流放後回憶從前說：「記得十六年前，函可是個俗漢，自從雙柏林一見，輒不避危亡，抵死相依。隨往匡山，住小歇場，後過歸宗，復還華首。…」。又見〈塔銘〉、〈塔碑銘〉。

爲喜，國之悲爲悲，這是他出家前所料不及的。這種由衷之
情，函可在臨終前稱之爲「西來意」。

一、國亡的悲慟

　　函可和尚雖然當了僧人，但他本來就有「康濟天下志」
的本志，[57]況本性好義、豪快、待人以厚，南京時已名傾一
時，時人爭相結交，可見其是具有足以鼓動風潮的能力。函
昰說當國破消息傳來，函可的表現是「悲慟形辭色」，[58]這
份忠孝之情在國家破亡的情急之下被激發出來。加之眼見父
輩、朋友等忠義守節的行爲，受到相互激勵，恨不得亦身殉
社稷。父執輩如月峰伯、陳路若、林茂之等，他們的行爲已
見前章；又如其父門生倪元璐、馮元飆、黃道周等的風骨節
義行爲；[59]而自身朋友亦多如此。即以黎遂球〈喜祖心師不
是庵落成同麗中師、丁善甫、梁漸子、李山農、子雲諸淨侶
過集詩〉[60]一詩爲例，即可見函可和尚的朋友們操守的大概。
　　麗中師即曾起莘，他比函可後一年出家，法號函昰，明
亡後不少遺民歸其門下，成爲嶺南遺民精神的支柱，是肩負

57 釋函昰〈千山剩人可和尚塔銘〉，頁 12。
58 同上。
59 月峰伯，韓日鑽同鄉兄弟。文恪公有文記之。
　　陳路若，韓日纘同鄉。
　　林茂之，即林古度，閩福清人與方丈、杜濬隱於江寧，長於詩。
　　倪元璐，天啓進士，官至國子監祭酒。不趨黨勢，李自成入北京，自縊死。
　　馮元飆，慈溪人。天啓進士，累官至兵部尙書，有直聲。
60 黎遂球，《蓮鬚閣集》，《何氏至樂樓叢書》，第 21。1979，9 月景印
　　粵十三家□本。卷 7，頁 19。

江南士大夫、文人、百姓遭受心靈重創後的重建者；丁善甫於廣州陷落，未能赴閩，憂憤而死；梁漸子於廣州陷後，出家為僧；山農於國變後隱居，後來禮函昰為僧；黎遂球禮道獨為居士，法號函美，隆武時，授兵科給事中，賜敕提都兩廣水陸義師援贛州，城陷，殉難。[61]羅賓王已見前節，因欲領兵救贛不成，歸里後與曾起莘、黎遂球、梁朝鐘、陳學佺、韓宗騋「俱以高才，好談當世物」。[62]所以函可和尚的心是很關心當世時事，是入世的，是與這群朋友相連在一起的。

二、從南京再立的振奮到幻滅

1664 年五月，福王即位，遺民們猶如絕望中出現生機、沉淪中的一根浮木，很多遺民都集中到這裡來，如錢謙益之類；函可既是恭逢盛會又是為輓明而來。八月，函可和尚母

61　釋函昰見〈天然禪師〉，孫靜庵《明遺民錄》卷 47，《清代傳記叢刊》，068，明文書局。頁 068-711。
　　丁邦楨，字善甫，東莞人。少好談經世務與，梁朝鍾、曾起莘、韓宗騋、梁祐達最契，丙戌張家玉促其入閩，值廣州破，未赴，憂憤卒。
　　梁佑達，字漸子，順德人。崇禎舉人。夙與曾起莘、韓宗騋遊，廣州破，為僧。著有《史眉》、《綺園集》、《蕉桐集》、《代耕編》。
　　李山農，名雲子，番禺人。曾與函昰結社天關，後隨函昰為僧。名今從。父李雲龍走塞上依袁崇煥。天啟間崇煥遭魏黨刻，乞休去。山農後歸裏禮道獨為僧，國亡後不知所蹤。著《雁水堂集》、《樓樓前後遺稿》等。黎遂球，字美周，番禺人。天啟舉人。禮道獨為居士，隆武時授兵科給事中賜勅印提督兩廣水陸義師援贛州，城陷殉難。《著蓮鬚閣集》。
62　九龍真逸〈羅賓王傳〉，《勝朝粵東遺民錄》，卷 1。頁 18-20。
　　羅賓王，番禺人，萬歷乙某舉人。曾自告奮勇領兵援贛，嘗思報國，遭同列忌，回里。與曾起莘等談當世務，後參加張家玉、韓如琰之舉義，兵敗被捕，後得釋。禮道獨為僧，名函駱。

喪，等到辦完喪事，和尙已難掩南都再立的興奮、雀躍之情，立刻乘附官人船到南京，已經是十二月，他很快認識了志同道合的顧夢遊並住在顧家。[63]這個年關是深具歷史意義的，因爲他是仍屬崇禎年號的最後時刻，明天過後大明真的走進歷史。他感傷的寫了〈甲申歲除寓安南〉詩，詩云：

> 梅花嶺下小溪邊，寒盡孤僧淚獨漣。…先皇歲月餘今
> 夕，故國風光憶去年。[64]

「先皇歲月餘今夕」，是既珍惜、感傷、不捨的糾纏，只有淚送與回憶。

　　他趕到南京原主原因，可能這裏是國家今後半壁江山的堡壘、明朝的陪都、明孝陵所在之地。

　　雖然面對故國已不復在的事實，但他的心是積極的，雖然只是半壁江山，但希望能從此上下一心，積極創造新的局面與北面抗衡，不再有戰事，人們就此過平安的新生活。這是他的新年新希望，他〈乙酉元旦〉詩，詩云：

> 萬年新曆自今朝，兵氣都隨殘臘銷。龍虎山河開舊
> 域，鳳凰宮闕集群僚。波停海外來重譯，幹舞堦前格
> 有苗。野老瓣香無別祝，簞瓢處處聽歌堯。[65]

「兵氣都隨殘臘銷」、「龍虎山河開舊域」是他對今後半壁江山的期望。集群僚開拓舊域，一群舊臣重整山河，也可以安然過活。然而這樣的希望維持不到半年，清下南京，幻夢破滅了。按《東華錄》卷二記載，順治二年（1645）四月五

63　汪宗衍《明末剩人和尙年譜》，頁 13。
64　《千山詩集》卷 9，頁 144-517。
65　同上。

日，多鐸等經由歸德，十三日渡淮，二十五日攻下揚州並殺史可法。五月六日陳兵江北，八日遣舟師潛至南岸來到距瓜州十五里，十日聞福王馬士英已出走，十五日至南京。官員出降者五十五、人監軍等八十六人、得騎兵二十三萬八千三百。[66]半壁江山的希望頓成泡影。大約經過四個月的戰亂與封閉，這些遺老再開始互訪活動。然而南都立國不半年，清兵南下，義兵四起，激烈抗清，壯烈犧牲，彼彼皆是，函可和尚以詩爲記，埋下日後犯文字獄的危機。然而這正是他入世的表現，「情」與「志」的具體呈現。

三、寫詩抒懷記事，遺民間之互動⋯互訪、寫詩、賞詩

戰事發生後大概經過四個月的時間，局面漸趨平定，遺老開始四出互訪。士人遺民相聚以詩抒懷、也以詩會友相互唱和，成爲士人階層一種新興活動，詩歌之爲用也因此產生最高之效果。

（一）遺民間之互訪

從顧夢遊的詩中可知遺民重出活動的情形。顧夢遊詩〈九月七日祖心師孟貞于皇共坐得孝章書〉云：

> 九月傷心會，星霜忽再周。書開數行淚，葉滿一庭秋。⋯[67]

---

66 《十二朝東華錄》卷二，台北縣永和：文海，1963。頁 41-42。
67 顧夢遊《顧與治詩》。〈九月七日祖心師孟貞于皇共坐得孝章書〉。卷

　　清兵五月渡江，本詩說大家九月相會，所以南京被陷後，歷經四月，景況較安定，大家才出門戶訪活動。

　　〈金孝章至自吳門同祖心次濤兄弟小集〉又云：

　　　此回花下見，一拜各傷神。且喜身同在，還疑夢未真。

　　　即時呼濁酒，向夜集高人。醉覺乾坤好，深悲莫細陳。[68]

劫後重逢，悲喜交集，疑夢似真，慶幸身同在，又神傷江山變色。遺老們表面都不談政治，但私下卻連夜傷心地談論國事。

　　〈和祖心師雨中見訪〉詩二首，又說：

　　　乾坤逢此日，野老獨吞聲。不道西方學，能同故國情。…連夕傷心託，寒燈剔到明。[69]

遺民們的活動是相互拜訪，當然離不開談國難的話題。函可因兵事滯留南京，期間生活就是老友相訪，登樓賦詩。函可和尚到金陵那年才 35 歲，但是體弱多病，他形容自己「善病身」、「病骨支離」，登樓竟要策杖。但是互訪吟詩成為他生活中唯一的寄托。

　　其〈丙戌（1646）元旦顧家樓〉詩云：

　　　多難還餘善病身，樓樓終不怨風塵。

　　　挈瓢戴雪逢遺老，著屐尋詩有故人。[70]

　　又詩說：

　　　每逢遺老即留連，病骨支離不記年。石頭幾度分鄉

　　3。收入《四庫禁燬書目叢書》，集部，冊 51。頁集 51-338。案《東華錄》清兵五月渡江，本詩說大家九月相會，所以南京被陷後歷經四月景況較安定，大家才出門戶訪活動。

68 同上頁。〈金孝章至自吳門同祖心次濤兄弟小集〉。

69 同上。〈和祖心師雨中見訪〉詩二首。

70 《千山詩集》，卷 9。頁 144-518。

思，……扶杖登樓開一望，南山如舊涕空漣。[71]

遺老見面，必然是交換所聞有敵軍的消息，函可更關心嶺南家鄉的狀況。丙戌（1646）〈歲除厄亭同衣白雙白方魯諸子〉詩，與諸子度歲，關心東魯戰況所寫。詩云：

> 到處看山歲已徂，梅花點點怨江湖。南陽事業歸何
> 地，東魯旌旗仰大儒。拜月盡瞻新面目，窺池不改舊
> 頭顱。世間亦有閒于我，共向方亭伴結趺。[72]

〈秋蘗〉八首之六，又說：

> 江湖無復藏鷗迹，天地何曾享馬銅。
> 已見旄頭沈贛水，又聞大旆出秦中。
> 只今五嶺無消息，夢斷長干數落鴻。[73]

聞說敵軍到東魯戰況，「是東魯旌旗仰大儒」。又聞兵渡贛水、出秦中。猜測不久即到嶺南，但是「只今五嶺無消息」，可見函可此時是焦慮極了。只有「惆悵家山未可歸」[74]的無奈。詩人在詩中盡情地表達他的愛國、憂國憂民的情懷。

（二）詩歌互賞、唱和

在群聚唱和中，儘管說野老「獨吞聲」，其實他們是私下剔燈談論到天明，互訴國變後悲情。如函可和尚就因此不顧一切，把所見時事發而為詩他寫了長篇詩〈再變記〉。他的詩作顯然成為遺老間互賞的奇文，如邢昉就為他寫和詩，

71 同上。卷9。〈丁亥元旦昧庵試筆〉，頁 144-518。
72 同上頁。
73 《詩集》。卷9。頁 517。
74 同上。〈秋蘗八首〉之四。

寫〈讀祖心師再變記漫述五十韻〉；這些危險的行爲，亦有人辭嚴厲色的阻止，如覺浪大師，曾戒函可如何無妄及身；而態度穩健的方文，則於函可事發後，痛惜地以詩說，「何妨文字禪」？並勸函可「自昔書皆廢，從今口莫開。人間刑與辱，師視等浮埃」。[75]

函可仍堅持寫詩記事，固然是如郝浴所說，早植慈、猛、忠、孝的本性所致，也是因爲他並未放下士大夫的責任感的關係。

四、函可和尙冒死記史事的意義

函可寫記史詩目的很清楚，有兩個：一是「餘習」是使命感的驅使，想爲後世留下歷史真相；二是觸動了悲憫的本性，哭生靈之塗炭，所以拒絕勸，阻冒死爲之。

他的寫史詩是基於以下幾點精：

（一）基於「餘習」的關係

他自己在〈辛卯生日〉詩中說：

…裂裙欲續西征記，破帽長歌正氣篇。

自笑出家餘習在，人間斯道只如縷。[76]

所謂「餘習」，不就是忠於士大夫的責任感所驅使！他認爲這是他應該做的，是正義的。所以說「長歌正氣篇」。

士大夫重義，以記史傳真爲己任。郝浴說「事干士大夫

---

75 方文《嵞山集》卷 5，〈贈祖心師詩〉。收入四庫禁燬書叢刊；集部；
　　71。北京市：北京出版社，2000，頁 71-473。
76 函可《千山詩集》。卷 10。頁 523。

名教之重，江左舊史聞人，往往執簡大書，藏在名山」。[77]而函可所執著的就是這一份該有的責任感。

（二）觸動仁愛之心的執著關係

郝浴更進一步探討能觸動其責任感的原因是「友慟國恤」，就是亡國的悲慟。吳兆騫說，他是「難忘舊德」、「徒下遺民泣」，於是「裁詩祠毅鬼」、「弔靈修」，那就是悼國之亡的愛國心、以及觸動目睹無辜人民在戰火下犧牲的惻隱之仁心。總而言之，就是忠與仁行爲的顯露。

郝浴更說：

　　…友慟國恤，黯淡形諸歌吟，不悟，遂以為禍。…[78]

〈聞浪大師信〉詩中說：

　　曾把三緘戒鄙人，如何無妄及其身。[79]

天然和尚也在〈塔銘〉中也說：

　　聞某遇難，某自裁，皆有挽。過情傷時人多危之，師為之自若。[80]

至於因此而朝招來禍端，這是他明知而甘冒死爲之。他在《語錄》中解釋寫史詩獲罪，是因爲「方外人不識忌諱」，乃虛托之詞。

以上覺浪禪師等都曾勸止他，而他卻獨排眾議執意爲之。

函可於南都陷破後，悲傷難過，寄懷於詩歌，旁人爲他

77　郝浴撰〈千山剩人禪師塔銘〉頁 144-450。
78　函可《千山詩集》・郝浴〈塔碑銘〉。
79　函可《千山詩集》卷十七・〈聞浪大師信〉。覺浪大師，俗姓張，福建柘浦人。初棲夢華山後至金陵天界寺，世稱天界浪人。著《覺浪語錄》。
80　函是〈塔銘〉。

的行爲擔心，甚至聞浪大師也勸他要三緘其口，以免招禍，
而函可卻不以爲意，寫詩自若。他堅持以詩記史，是基於忠
的精神與仁愛心的表現，也是士大夫責任感的驅使所爲。

五、〈再變記〉之內容

　　原詩已不可得見，但從邢昉和吳兆騫的和詩，加上他所
作的〈辛卯生日〉詩等，透露出一點訊息，仍是可得知其內
容大概。

　　邢昉〈讀祖心師再變記漫述五十韻〉詩說：

> 維歲昨在申，九州始破碎。舊京雖一隅，行勢東南會。
> 我皇秉圭卣，雨泣面如䴷。臣民盡驚呼，少康實可配。
> 史公踐台斗，心赤當時最。雲台占紫氣，恍惚嘉祥居。
> 亡何變氛祲，太白垂天戒。霄光盡炯炯，白日猶未退。
> 咄哉夜郎人，小器自衿大。入手事排擠，持議誇擁戴。
> 朝廷一李綱，不容密勿內。獬豸本在野，抵死呼朋類。
> 赫赫先帝書，翻案神靈既。誼士惜繁纓，兇黨蒙冠帶。
> 從此問王網，解帶隨塵壒。貂嬋併鍨斧，顛倒弄機械。
> 人心二豎灰，世事長江敗。洎乎皇輿播，臨軒曾召對。
> 出奔乎異域，此事令人怪。得非靴中刀，凜凜惡姦檜。
> 所恨喪亂朝，不少共驪犖。城頭豎降旗，城下迎王斾。
> 白頭宗伯老，作事彌狡獪。捧獻出英王，箋記稱再拜。
> 皇天生此物，其肉安足嘬。養士三百年，豈料成狼狽。
> 幸有兩尚書，臣節堂堂在。又有楊中丞，甘死如飲瀣。
> 嗚乎黃祠部，刀鋸何耿介。郎吏及韋布，一二更奇怪。

吁嗟郡國英，螳臂堪一喟。宣歙始發難，戰血塗草萊。
麻生怒衝髮，氣作長江掛。松林戰尤苦，娑女兵終潰。
吳子要離烈，張朱俱慷慨。我悲黃相國，絕食經顛沛。
海上王將軍，就死跡愈邁。此紀乙至丙，大書得梗概。
正義苟勿渝，細不遺羣戒，倘非斯人儔，乾坤真憒憒。
大師南海秀，夐立風塵外。辛苦事掇拾，徵詞綴叢薈。
毛雎逐行腳，蠅頭塞布袋。前日城門過，禍機發逅避。
命危頻伏鑕，鞠苦屢加�。良以筆削勞，幾落游魂隊。
諸方尚雲擾，頹洞勢未殺。雖然怵羅網，慎勿罷紀載。
伊昔鄭憶翁，著書至元代。出土十載前，金石何曾壞。[81]

吳兆騫〈奉贈函公五十韻〉詩說：

蒼茫龍賽謫，蕭寂虎溪遊。白拂真詮遠，青山道臘優。
風銛譚滾滾，霜暎髮髟髟。問訊師當日，東南與儷流。
尚書蒼玉珮，公子白羆裘。士譽烏皮几，家聲龍頷侯。
門方參許史，才欲駕應劉。眾目爭看駿，孤懷早狎鷗。
寧知纓冕貴，祇覺鼓鐘愁。茂齒遺家室，良時遯海陬。
買山心自迥，作佛志偏道。獟狘遙峯晚，松杉野寺幽。
座看多寶出，園許布金稠。入定巖花變，棲禪澗雪留。
隨緣辭越嶠，傳法過吳州。夜磬牛頭寺，春帆鵲尾洲。
折蘆波汎汎，持鉢路悠悠。途值軍鋒滿，時當王氣收。
邊塵蒙鳳輦，戰火入龍樓。圻壈逢遷鼎，間關濟法舟。
緇衣空掩泣，青蓋竟貽羞。野瘞王琳骨，桁梟袁粲頭。
問誰歌玉樹，遂爾缺金甌。怨矣殷頑事，傷哉曹社謀。

---

81 邢昉《石臼後集》卷1，收入《四庫禁燬叢刊》集部，51冊。頁28。

已移劉氏臘，空愴薛談謳。石闕悲三日，金龜哭一坏。
裁詩祠毅鬼，續些弔靈修。淚盡平陵柏，哀纏原廟楸。
自難忘舊德，何敢賦幽憂。徒下遺民泣，還來戈者求。
志原甘鼎鑊，身遂落罝罦。割體非歌利，囊頭及比邱。
篋輿何激烈，岩棘屢呼囚。豈是然身誓，應嗟繞指柔。
恩仍赦欒布，罪竟放驩兜。空法原無住，窮荒任所投。
狼河雲漠漠，馬窟雨瀧瀧。掃雪開禪徑，披沙問憤溝。
一乘馴鐵騎，半偈化韋韝。白雀飛仍集，青蠅弔可休。
半生遼海月，幾度朔邊秋。己道禪心靜，寧增客思不。
大師勤囑累，賤子卻夷猶。玉悔荊人獻，金疑直氏偷。
掇蜂方見惑，飼虎遂蒙尤。異域山千疊。孤生海一漚。
逝將歸法喜，愧未息紛糾。玉塞哀淹泊，珠林乞庇麻。
津梁疲燕雀，身世感蜉蝣。願托傳衣侶，從公問白牛。[82]

《千山詩集》卷十，〈辛卯生日〉詩：

裂裙欲續西征記，破帽長歌正氣篇。[83]

邢昉所和詩說：「舊京雖一隅，行勢東南會。」、「此紀乙
至丙，大書得梗概。」，所以，該詩所記，是南京從乙酉（1645）
破陷到次年丙戌（1646），兩年內的情形。內容大事方面，
從南京立國，到「兇黨蒙冠帶」，又從的朝上情形，到南京
被陷。當時有人降、有人迎，不禁嘆「養士三百年，豈料成
狼狽。」，然而亦有死節忠臣及螳臂擋車的義士女兵、海上
義師，總之死跡愈邁。而吳兆騫著重寫函可之英年出家，傳

82　吳兆騫《秋笳集》，卷7。台北市：西南，（民62）1973，再版收入《學
　　術叢書》；30。頁117-8。
83　函可《千山詩集》，卷10。頁集144-523。

法吳州，值世變事，多寫戰爭下犧牲慘況，因此裁詩以祭毅鬼，弔靈修。由於「**難忘舊德，徒下遺民泣。**」，於是冒死寫記。是進一步剖析其仁心的養成，以及觸動其仁心，寫下長篇詩的原因。函可在〈辛卯生日〉詩中說：自己是「**裂裙欲續西征記，破帽長歌正氣篇**」，西征記是晉戴祚從劉裕西征姚泓所撰，正氣歌當是文天祥的〈正氣歌〉。一為討敵，一為寧死不屈於敵。所以〈再變記〉的內容也當離不開寫義師奮起及民眾殉國的情形。所以從邢昉之和詩內容，可知函可原詩之內容大概。吳詩則重於對函可寫〈再變記〉的心理剖析。吳先從函可之出身、品性說明他具仁厚悲憫之本心，在忽遇天地不仁之災難而觸動悲憫之心，大書詩歌以悼眾生，哀國魂。這份號哭哀悼讓他忘記自身的身份及身臨之危險。〈辛卯生日〉詩的自白，透露出寫〈再變記〉的原因與該詩的內容，正與邢昉、吳兆騫所寫詩相合。所以從邢詩、吳詩與生日詩三者相合，正好說明函可寫詩之心理狀態、離亂實景及寄托其情與志。

綜合官私文獻記載，順治二年（1645）五月，清下江南，閏六月，命洪承疇以原官總都軍務，招撫江南各省，鑄「招撫南方總督軍務大學士」，印賜敕便宜行事。當城破之日，明臣殉難者黃端伯等十二人，降清者錢謙益等三十一人。洪到南京一方面分遣降官安撫東南，先以錢謙益與其客同行致書紳士。及至蘇州招撫未效，清遣八萬兵下蘇杭於是災禍南延。自從薙髮令下，孤臣義士，遠近奸民，亂賊四起。其時唐王稱號於福建；黃道周率師廣信、衢州、向徽州；金聲募兵十餘萬屯績溪，宗室諸王紛起，高安王於徽州，蘄水王屯

潛山、太湖間；金華王據饒州；樂安王、瑞安王分屯溧陽、
金壇、興化諸縣；荊本徹以舟師駐太湖等。洪對頑抗不降者，
堅決鎮壓，得首級則遍傳江南各地遊示。時江南士氣高昂，
九月時防江之師，自金、衢往東至於定海集結不下二十萬義
兵，不糜公帑，不相統屬，只爲義守國土。清兵很快南下及
於杭州，明宗室諸王很多集中於此。起義轟烈者如嘉定，先
有侯峒曾、黃淳耀起義敗死，城中死者二萬人。繼之又有朱
瑛起義及吳之蕃反清，所以先後歷經三次大屠殺。此外江陰
典史閻應元，吳應箕等其餘尙有很多舉義死事。一年內江南
紛起宗室大抵平定，金聲、黃道周被殺，太湖舟師敗走入海。
可見其平南行動之迅速與猛烈。洪承疇以爲事已大定告一段
落，遂於此時疏請還京，清以江南未定，不准。[84]

　　總之，函可和尚之所以有出世的想法，是因爲他對當時
國內外形勢十分瞭解，腐爛的政治下，魏宗賢用事，眼見忠
良之士慘遭殘害，國事日非，根本無法實現其匡世的理想。父
親猝逝，更讓他感受到人生無常，因而致力於探求人生哲理。

　　出家後的入世行爲表現，是基於他在國家危急存亡之
際，觸發起他長久以來植根於心中之忠義精神，是其內聖之
學主張的甦醒。

　　明末之士人爲僧、爲居士的風氣盛，讓此時期的佛教注
入大量儒家思想。世人爲投入宗教懷抱後，更努力探求儒、
佛相通的道理，在儒、佛間異中求同，追求從佛的合理性。

---

84 並見於《清史稿》卷 244，〈洪承疇傳〉、〈世祖本紀〉，《明清史料》
　　甲編，《罪惟錄》卷 1，《東華錄》。《鹿樵紀聞》卷上。〈難都死難〉、
　　〈南國愚忠〉。《清世祖實錄》卷 27。

第三章　函可和尚回鄉之路與洪承疇的關係

第一節　函可和尚的南京之行與回鄉之路

本章是探討函可和尚到南京請經藏、回鄉與洪承疇之間的關係。

一、有關函可和尚於甲申（1644）年底到的記述

《語錄》卷三，自言：

> 甲申（1644）八月，先慈見背，一姊兩妹先亡，尚餘一姊一妹三弟俱各無恙。臘月，提杖出門，含淚相送，猶冀行腳歸來，重相會晤，不料寄跡石城，惹出一番絡索。

時間很清楚，甲申（1644）臘月。但未說明出行原因。

至於到南京的原因有以下的說法：

函昰〈塔銘〉謂：

> 甲申之變，悲慟形辭色，傳江南復立新主，頃以請藏
> 附官人舟入金陵。

《千山詩集》，顧夢遊〈序〉云：

> 乙酉（1645），以請藏經來金陵。值國再變，親見諸
> 死事臣，紀為私史，城邏發焉，傅律殊死，奉旨宥送
> 盛京焚修。

《東華錄》順治四年（1647）十一月壬子，洪承疇傳奏說：

> 犯僧函可，係臣會試房師故明禮部尚書韓日纘之子，
> 出家多年，於順治二年（1645）正月內，自廣東來江
> 寧印刷藏經，值平定江南，粵東路阻未回。

以上三則資料都說明去南京的原因是為了請經藏，然從國破以來，如第二章之二所述，他悲傷的表現，此行似是為了告別甲申年及迎立南明新君為主因，請經藏也許只是托詞。

有關到達南京之日期當為甲申臘月。顧夢遊〈序〉說：「乙酉（1645）」，《東華錄》，洪承疇傳奏說：「順治二年（1645）」。但據《千山詩集》卷九，有〈甲申歲除寓南安詩〉，故甲申（1644）十二月底前到達金陵是無庸置疑。大概取其大數，前一年之少數日子就不算。

郝浴〈塔碑銘〉謂，其晚年時對弟子說的一番話：

> 丙戌歲（1646），本以友故出嶺，將掛錫靈谷，不自
> 意方外臣少識忌諱，遂坐文字，有瀋陽之役。

則時間上所說的「丙戌歲（1646）」，既非甲申（1644）、也非乙酉（1645），而到南京目的是「以友故」，所以時間、目的都與前者不同，故此陳寅恪懷疑函可在丙戌（1646）春暮，由南京返廣東，同年又「以友故」重回南京。所以其詩

集中有南京所賦之〈丙戌歲除〉詩，他認爲如此才符合「丙戌歲（1646），本以友故出嶺」一語。

　　既然是晚年所說，也許是誤記而已。至於「以友故」，也許是托辭。因爲沒有任何資料證明他在丙戌（1646）年曾離開過南京。

二、丙戌（1646）夏、秋間，函可仍滯南京

　　下文從函可和尚在丙戌（1646）年間之活動，衡量他來回南北之間的可能性。

　　《千山詩集》中有〈丙戌元旦顧家樓〉、〈丙戌歲除尼亭同衣白雙白方魯諸子〉，所以年頭、年尾，函可和尚都在南京。至於懷疑函可在丙戌（1646）春暮，由南京返廣東，同年底前又重遊南京。今雖不能完全否定此一懷疑，但至少知道，丙戌（1646）夏、秋之際，函可仍在南京。則可知他沒有在春暮返廣東。

　　據邢昉〈夏夜同祖心上人看月與治齋中〉丙戌，詩云：

　　　常愁飄散易，相見即關情。豈料頻宵月，同看如此清。
　　　涼天聞戍鼓，昨日渡江兵。便作他年憶，應須坐幾更。[1]

夏夜又言涼天，可能已近秋。該詩之前一首〈登樓〉丙戌，詩云：

　　　向曉白雲浮，看雲更上樓。微風能散雨，殘夏即如秋。
　　　未斷軍營信，仍懷吾土憂。去年逢此日，魂墜在漁舟。

1　邢昉《石臼後集》，收入《四庫禁燬叢刊》集部，51 冊。2000，北京市：北京出版社。頁集 51-225。

「殘夏即如秋」時序已是夏、秋間。該詩顯示，丙戌（1646）
夏、秋間，軍警仍未斷，更不可能有行旅往返。

　　他是三年未返鄉過。其〈留別余澹心〉二首詩之一：

　　　　春風猶滯秣陵關，曉夢先飛黃木灣。弟妹可能存世
　　　　上，笑啼徒自向人間。三年不見雲中信，一鉢終歸何
　　　　處山。最是與君情不薄，悠悠去住兩難刪。[2]

「春風」、「三年」，則是寫於丁亥（1647）年春，「春風
猶滯秣陵關」、「三年不見雲中信」、「弟妹可能存世上」，
可知其自乙、丙、丁三年來滯留南京，無鄉間音訊，故丙戌
（1646）應未曾南返。

　　在滯留南京期間，函可和尚除與友人相訪外，仍盡其僧
人本份上街托鉢，靜坐。在《石臼後集》〈登樓〉丙戌（1646）
詩之同頁，即有〈祖心上人托鉢〉詩，即云：「聞師昨鍵戶，
出避炎蒸。早市初持鉢…」、「夜寂焚香坐，依然共一燈」
等。[3]因兵滯留，邢昉還勸函可：「休厭干戈甚，偏能滯爾頻」。
[4]邢昉另一首〈再送祖心歸嶺南〉云：

　　　　爾昔離惠州，來從白雲外。草履踏長干，正值陽九會。
　　　　路遙歸不得，世亂愁相對。豈知三歲間，倏忽成前代。
　　　　五嶺幾時開，孤舟此日迴。…三衣行到海，十月又逢
　　　　梅。[5]

詩中明白陳述函可來南京及因兵滯留經過。「愁相對」、「三

2　《千山詩集》〈補遺〉，頁集 144-610。
3　邢昉《石臼後集》，收入《四庫禁燬叢刊》集部，51 冊。頁集 51-225。
4　邢昉《石臼集》，〈酬祖心〉，頁集 51-116。
5　同註三，卷 1。頁集 51-195。

歲間」，一直到現在之歸五嶺，共歷三年，今時值十月逢梅，順序記錄，未有間斷。所以無論函可自己對余澹心說、邢昉的詩中記述，絲毫沒有離開過南京的跡象。邢昉的詩更是一個明証。

三、有關函可之歸鄉日期

　　一般認為函可於乙酉（順治二年，1645）春打算回鄉，突困於兵，因而滯留至乙酉（1645）秋，南京兵事漸平而返鄉。所以朋友之送別詩有乙酉春、丁亥（順治四年，1647）秋，兩個季節背景。函可有〈丁亥春將歸羅浮留別黃仙裳〉，說明他在丁亥（1647）春已籌劃回鄉。至秋十月才成行。也許兵慌馬亂確定行程不易。

　　1.春歸送行詩如：

　　　　「一春風雨愁中去，春去還添送別愁」、[6]「萬里孤雲
　　　　返故關，一帆春草渡江灣」、[7]「卻憐遠別逢梅雨」、
　　　　[8]「一春花落鳥空愁」。[9]

因戰事趨於緊急受阻至夏，已離家半年「出門又過半年期，獨夜心情黯自悲。夢似隨風雨入，歸程仍為甲兵遲」。[10]友人相約逃難，函可則順其自然。其〈初聞警友人相約入嶺作

6　顧夢遊〈送祖心嶺南〉《顧與治詩》收入《四庫禁燬書目叢書》，集部，
　　冊 51。2000，北京市：北京出版社，頁集 51-375。
7　余懷〈送剩人還羅浮〉。
8　〈次韻答邢孟貞并以道別〉，《千山詩集》〈補遺〉，頁集 144-609。
9　同上頁。〈留別顧與治〉。
10　同上頁。〈廣中〉頁集 144-609。

此答之〉詩云：

> 長安花事獨相關，荔子丹時尚未還。無可藏身唯酒
> 肆，何須埋骨向青山。一瓢以外無餘物，荷插相從便
> 不閒。到處飽食到處死，故人多淚自潺潺。[11]

2.秋歸送行詩

顧夢遊有〈送祖心還嶺南〉詩：

> 一春風雨愁中去，春去還添送別愁。心事兩年同下
> 淚，鶯聲明月獨憑樓。舟車已斷尋前路，城郭重歸失
> 舊游。祇恐經臺也荒草，吾廬何不且淹留。[12]

此詩時間既不是春也不是秋，為夏初籌劃南歸時寫。「心事
兩年同下淚」，所謂兩年，大數指順治二、三（1645-6）兩
年滯留南京時期。這段時間他住於顧家樓，所以顧夢遊勸他
「吾廬何不且淹留」，倒不如不要歸。詩中毫無在此兩年間
離開南返又再回南京之跡象。

　　此外敘說函可歸程最為完整的要算是邢昉〈再送祖心歸
嶺南〉詩，[13]其云：「十月又逢梅」正符合函可出關被捕時
令。詩中從函可離鄉、滯留原因、滯留時間、回鄉時間等順
序詳述。詩中又說「豈知三歲間」，…「五嶺幾時開」，三
歲即甲申（1644）十二月至丁亥（1647），敘說過程自然。五
嶺幾時開？顯見函可三年間未曾離開過南京，該詩可為佐證。

　　函可至金陵而認識顧夢遊，一見如故，住夢遊家三年，

---

11 同上，頁集 144-609。
12 見《年譜》順治四年，汪宗衍引鄧漢儀《天下名家詩觀》初集五。
13 同註 5。

所謂「亂後投交白板門」。[14]夢遊與邢昉同居金陵，相交數十年，[15]可知三人常共聚出遊，故函可在南京的生活，邢昉是親眼見。邢昉詩集中亦有不少與函可詩。[16]

第二節　與洪承疇的關係

一、洪承疇與韓家的關係

洪承疇是韓日纘的學生。韓日纘於萬曆、天啓間充任會試同考官，洪承疇是他門下生之一。[17]而洪承疇對韓家的照顧，先有協助函可回鄉，後有交托屬下安頓韓氏遺孤。

（一）發通關牌照協助函可回鄉

據〈洪承疇傳〉，函可於順治四年（1647）十月被捕，因爲通關牌是洪承疇所發，巴山、張大猷以聞。同年十一月洪承疇以事態嚴重，避嫌不敢處理，只好把案件上奏交內院

---

14 《千山詩集》〈寄與治二首〉，卷 9，頁集 144-519。
15 邢昉《石臼集》〈顧序〉謂與昉相交 30 年。
16 如邢昉《石臼後集》卷 1，〈再送祖心歸嶺南〉、〈讀祖心再變記漫述之五十韻〉。卷 2，〈懷祖心〉、〈夏夜同祖心上人看月與治齋中〉丙戌。卷 4，〈送祖心師歸羅浮〉、卷 1，〈夏日同祖心上人劉今度顧與治過徐公子元超大隱園納涼作〉等。頁集 51-116-258。
17 據《廣東通志》〈韓日纘傳〉。1959，臺北市：中華叢書編審委員會。卷 291，列傳 24，頁 5019。又光緒《廣州府志》卷 32，〈人物‧韓日纘傳〉。其於萬曆四十四年及天啓元年任會試同考。同治修《福建通志》卷 228，〈洪承疇傳〉其爲萬曆四十四年士。

處理，其奏說：

> 犯僧函可係臣會試房師故明禮部尚書韓日纘之子，出
> 家多年，於順治二年正月內自廣東來江寧刷印藏經，
> 值大兵平定江南，粵東路阻未回，久住省城。臣在江
> 南從不一見，今以廣東路通回里，向臣請牌，臣給印
> 牌約束甚嚴。因出城門，盤驗笥中有福王答阮大鋮書
> 稿，字失避忌，又有變記一書，干預時事。函可不行
> 焚毀，自取愆尤。臣與函可有世誼，理宜避嫌，情罪
> 輕重，不敢擬議。其僧徒金獵等四名，原係隨從，歷
> 審無涉。臣謹將原給牌文及函可書帖封送內院乞敕部
> 察議。得旨洪承疇以師弟情面輒與函可印牌，大不合
> 理，著議處具奏，函可等著巴山、張大猷差的當員役
> 孥解來京。尋部議洪承疇革職，得旨寬免。[18]

第二年（順治五年 1648）初，以函可生徒與案無涉放還，
函可則放瀋陽焚修。[19]諭寬宥洪承疇，以其「奉命江南，勞
績可嘉」。《世祖章皇帝實錄》說：

> 吏部議奏，招撫大學士洪承疇，給廣東遊僧函可護身
> 印牌，負經還里，江寧守門官兵搜出福王答阮大鋮書
> 並再變紀一冊，其中字跡，有干我朝忌諱。承疇以師
> 生之故，私給印牌，顯屬徇情，應革職。得旨，爾部
> 所議甚是，但洪承疇素受眷養，奉命江南，勞績可嘉，

---

18 《東華錄》順治 4 年，卷 2，頁 38。
19 鄧掄斌等修《惠州府志》收入《中國方志叢書》，第 3 號。1965，臺北
　　市：成文。卷 44，〈人物傳，仙釋〉，頁 22。又郝浴〈塔銘〉謂，函可
　　奉旨焚修於戊子四月二十八日入瀋。而《清史稿》〈洪承疇傳〉謂《世
　　祖實錄》寬宥洪承疇私給函可印牌罪在「順治五年」四月十八日。

姑從寬宥。[20]

「應革職」、「姑從寬宥」，可見清廷對洪承疇的寬待。也許清入關之初天下未定，當時西南的永曆，東南的海上，及各地起義，此起彼落。極需熟悉中國環境的武人來協助平定的關係。

先是洪承疇在順治二年（1645）四月，有土國寶一案，十月又有函可案，使得清廷對他的行爲嚴加監視。按同年四月，巴山、張大猷奏，有遊擊陳可獲諜者謝堯文，得魯王敕封承疇國公，土國寶爲侯，及魯王將黃斌卿給承疇的密函一案。清帝對此事解說，洪、土爲清廷所用，所以是賊用以反間洪、土二人所爲，並安慰洪承疇「勿介意」，另遣官賞賜蟒袍、蟒襪、靰鞡等物。[21]與十月函可案「奉命江南，勞績可嘉，姑從寬宥」的態度相較，從遭人反間，到「宥其罪」，好像有點事實浮現，以後當會對其行爲嚴密監視。

洪承疇是基於幫助老師之子回鄉而發給牌照，到底有沒有親自接見過函可？「臣在江南從不一見」，明言是沒見。「向臣請牌，臣給印牌約束甚嚴」，如果沒見洪承疇，函可是如何請牌？這都欠缺可靠資料來證實。

函可於何時向洪承疇請牌？可能在順治三年（1646）七

---

20 《世祖章皇帝實錄》，卷38，臺北市：華聯出版，1964。頁6。
21 《東華錄》順治四年，卷2，頁34。及《清史》貳臣傳〈洪承疇傳〉。又《世祖章皇帝實錄》卷32，頁4-5。「又諭洪承疇、土國寶曰：…朕見此，益知賊討真同兒戲，因卿等皆我朝效力大臣，故反間以圖陰陷。朕豈墮此小人之計耶！卿等當益勵忠勤以報國恩，勿以此介意。」。之後又「遣官賜大學士洪承疇，東珠孔雀翎涼帽、四團補蟒袍、蟒襪、黃靰鞡、酥油、乳酒。」。頁22。

月至順治四年（1647）春之間。

　　《清史稿列傳》〈洪承疇傳〉於順治二年（1645）閏六月，以原官總督軍務，招撫江南各省鑄「招撫南方總督軍務大學士」印賜敕便宜行事。是南方最高之長官。順治三年（1646）七月，洪承疇奏請調回北京不獲准，四年春，請假回京守制。所以四年（1647）十月函可案發時，洪是不在南京。函可最有可能向洪承疇請牌照的時間是南京稍定之時至洪氏回京守制前之一段時間。即順治三年（1646）七月後至四年（1647）春之前一段洪氏較閒的日子，而洪氏亦是在四年（1647）春，才接見鄉故，得知其父已逝的消息，原來其父已早於癸未（崇禎十六年（1643）九月逝去，所以他是於事隔四年半才得知此消息。在此以前他是效忠滿清，連自家的事也不顧久已。[22]函可在五年（1648）四月二十八日入瀋陽。而洪承疇則於順治五年（1648）四月被召回上任，即使其時函可尚未出關，他會去見函可？故四年（1647）春，因取得到牌照，才有四年春籌備南歸的行程。

（二）安頓韓氏遺孤之說

　　韓家是廣東博羅人，清兵入廣東時，他的族人與家人都參加了張家玉的舉義，順治四年（1647）十月，敗。犧牲慘烈。只有韓宗騋（函可）的弟宗騄及一侄兒餘生，那月正是函可回鄉被捕的時候。[23]洪承疇如何安置韓氏遺孤？

1.有關韓家在廣東舉義的情形

　　順治三年（1646）12月中，清兵以破竹之勢，一路經蘇杭、福建而至廣東，這時據廣州而立的紹武朝，才四十天左右，不戰而降，清大殺明宗室，屍橫於野，函昰和尚檢而合葬之。清兵「放賞」三天。[24]當清兵下廣州後，以佟養甲守廣州，李成棟追伐明宗室最後王朝永曆朝。東莞張家玉、順德陳邦彥、南海陳子壯，相約同時據地舉兵，欲使李成棟返救廣東而達到牽制清兵西向的目的。[25]在三先生號召下，一時廣東各地大小義軍紛起，或附於三先生之領導。而三先生以文人起義，結合地方義士，如陳子壯與花山民兵起於南海九江；陳邦彥聯合甘竹灘余龍起於高明；張家玉則與賴其肖起於博羅。果然李成棟回救廣州，料合戰不能勝，先敗陳邦彥，之後全力攻張家玉，十月初十家玉在增城之役中敗死，一個月後子壯在高明之戰中被執不屈死。於是廣東義軍主力基本被消滅，然而三先生從三、四月起兵至十一月兵敗，牽制清兵數月之久，也許是成就永曆朝能堅持十多年之久的基礎。函可和尚從弟韓如琰卒領黃牛逕之眾千人，加入張家玉舉義，後死於博羅之役。

　　張家玉，字玄子，號芷園，東莞人。崇禎十六年進士，授翰林院庶吉士。隆武時陳恢復大計，進侍講兼給事中，監鄭彩軍，曾招廣東義軍以救江西。廣東陷，拒佟養甲之招降。順治四年（1647）三月起義兵，十月戰敗身中九矢，躍野塘

24　1646/11/2 隆武胞弟聿粵監國廣州五日即位 12/17 為清所破。謝國楨《南明史略》，1957：上海，人民出版社。

25　〈陳邦彥至家玉書〉、〈陳邦彥狀〉、陳恭尹《獨漉堂集》，中山大學出版社，廣東：1988 年 8 月 1 版。

以死。[26]

　　函可和尚一家父母兄弟共十一人，他到南京印經時，父
母及三個妹先亡，尚餘一姊一妹三弟，連同自己共六人。這
是被放瀋陽後第四年，順治八年（1651）才由其師道獨和尚
信中得知家中變故。《語錄》說：

> （順治四年，1644）臘月，提杖出門，含淚相送。猶
> 冀行腳歸來，重相會晤。不料寄跡石城，惹出一番絡
> 索，孤身萬里，音問杳然。去年（順治八年，1651）
> 五月內，蒙本師示札，方知博城十不存一，僅留三弟
> 一身。[27]

案張家玉四月起兵後，攻復東莞縣，進一步謀復廣州。爲漢
奸出賣，敵大兵至，東莞再陷。最後駐於博羅。其間敵窮追
猛攻，且戰且走，慘烈的有「到窖之役」敗，敵屠到窖。西
鄉之役敗，敵屠西鄉。當固守博羅，敵攻二十日，最後鑿地
道實火藥引爆陷城。家玉突圍走增城聚眾再戰，家玉於是役
中九矢躍野塘死。當時該地人們戰鬥志激昂可見。韓如琰死
於哪一役？眾說不一，總之並其家屬二十人。弟宗驤、宗驪、
寡姐殉節，一妹躲腹壁聞母將遭亂兵所害，驚出救母遂死之，
驪妻不食死。清屠博羅，函可一家一族幾盡，只剩一弟耳叔
及一侄幸存。[28]

---

26 張家玉《軍中遺稿》，〈張文烈公行狀〉。1975：香港，《何氏至樂樓
　　叢書》之九。

27 《語錄》卷3。不膠齋印本，頁177。

28 《千山詩集》，卷11，有〈聞耳叔弟盡節〉詩。見《清史列傳》、《千
　　山剩人禪師語錄》、屈大均〈張文烈公行狀〉，《軍中遺稿》，《何氏
　　至樂樓叢書》之九，1975年4月。

2.安排照顧韓氏遺孤之說

　　見於 1986 年版汪宗衍撰《千山剩人年譜》引《張鐵橋年譜》所說。但《張鐵橋年譜》遍找不見。今有 1991 年汪氏著《張穆年譜》，但刪去《鐵橋年譜》部分文字，語意顯得不清。

　　《千山剩人和尚年譜》引《張鐵橋年譜》說：

　　　　（順治八年 1651）辛卯，（張鐵橋）訪韓耳叔於鵝城，歸後聞耳叔隱於山。閣部洪承疇，文恪公門下士也。嶺東道施起元，出都門，洪以韓諸子為託。施至為之顧盼，旋與鎮將黃應傑不愜，遂摭耳叔陰事，耳叔既殺，妻不食死。[29]

　　《張穆年譜》說：

　　　　訪韓宗騄於鵝城。歸後，宗騄隱於山，與鎮將黃應傑不愜，摭陰事，被殺。[30]

前者清楚說明洪閣部托學生施氏照顧韓耳叔，因施與鎮將黃應傑不合關係，遂揭發耳叔陰事，耳叔因而被殺。後者省去「閣部洪承疇，文恪公門下士也。嶺東道施起元，出都門，洪以韓諸子為託。」，顯得語意不詳，看起來甚至耳叔與黃氏不合遂惹禍被殺。後之年譜也許排印脫漏所致。

3.被殺原因及時間

　　《惠州府志》說，宗騄不肯就試而被殺。汪宗衍則疑因

---

29 見汪宗衍《千山剩人和尚年譜》，頁 25。張穆，字爾啓，號穆之，東莞茶山鄉人。自號鐵橋山人。工詩、畫、擅畫馬。唐王時著御營兵部試用，嘗與家玉募兵惠潮，以書召賴其肖，得其兵萬人。汀州變，與家玉回里。見《東莞縣志》、汪宗衍《廣東文物叢談》，1974，香港：中華書局，頁 30。

30 見汪宗衍《千山剩人和尚年譜》，頁 25。

宗騄於隆武時曾至福州欲效隆武的關係被殺。當時施任學政，黃當時任總兵掌剿寇，今殺人者為黃氏，當與剿寇有關，所以與汪氏推測接近。施、黃既不合，黃以剿寇為由，殺害施所保護曾至福州欲效隆武之宗騄，亦較有合理。

施起元，福清人，己丑（順治六年，1649）進士。以隨平藩南征入粵，七年（1650）施起元到任嶺東參議道，任惠州，八年（1651）攝學政。黃應傑於順治三年（1646），隨佟養甲由閩入惠取廣東，任協鎮副總兵。[31]家玉等起義兵即敗於順治四年（1647）。五年（1648），隨李成棟反正，當清命二藩（尚之信、耿精忠）恢復廣東，黃應傑又以惠州官民降清。八年（1651），黃復提兵定亂至興寧。

故順治八年（1651）時施起元任學政，黃應傑仍在平亂剿寇。

至於宗騄遭殺害之時間，以在順治八年（1651）之下半年可能性居多。

案順治八年（1651）五月，真乘入瀋陽，函可得其師道獨之信，才知道家鄉災難而止一弟宗騄及一侄獲存。順治九年（1652）四月，今育受師命至瀋陽則聞宗騄遭害之消息。

4.關於施起元受托照顧宗騄的時間

案《惠州府志》施起元於順治七年（1650）到任嶺東參藩。而且是第一位惠州清官，據前述宗騄於八年（1651）底

---

31 施起元、黃應傑，均見於《惠州府志》卷 17，郡事。頁 263-264。及同上卷 30。〈人物傳‧名宦下〉，頁 1。及阮元《廣東通志》，1959：臺北市，中華叢書。卷 256〈施起元傳〉，頁 4454、卷 261〈黃應傑傳〉，頁 4525。

被殺，則施受托照顧最多兩年。[32]

總之，韓日纘雖已去世，事實顯示洪承疇仍感念師生之情，照顧韓氏後人。然函可有沒有見過洪承疇？如果沒有，如何請得牌照？但沒有資料顯示他們兩人有見過面。順治四年（1647）春，請假回京守制。所以順治四年（1647）十月，函可案發時，洪是不在南京。

洪承疇則於順治五年（1648）四月被召回朝，結束守制。函可在順治五年（1648）四月二十八日入瀋。事關重大，他會去見函可？但是他是記得廣東還有老師的餘孤。所以施起元在順治七年（（1650）至任惠州，則函可已入瀋後三年，則洪承疇仍隨時把握機會照顧在廣東（韓老師）的後人。

第三節　神秘的救助者…始終成謎

函可從被捕到出關這一段日子曾受到好心人士的叮嚀與照顧，那些人物的背後指使者到底是誰？始終成謎。這包括張氏婦人和沿途接濟的神秘客。

一、滿人張氏婦人

函可和尚被捕，擒送軍前，遭嚴刑拷問後，囚於滿人家的張氏。當和尚離開時，張姓婦人追而及之所講的一番話，

---

32 《惠州府志》〈名宦傳〉、〈官職表〉。1965，臺北市：成文。

「師无罪，此去必生。然竊有請也，師出萬死，幾無一生，不擇于字，其獲至此，師生無論好字、醜字，毋更著筆。」。[33]在此環境下，張婦還敢追住函可說話？還說他此去無罪？

二、始終成謎的背後高手

　　救護函可和尚的人一個個的出現，張婦、友滄、王子京，子京背後還有誰？不得而知，然而函可只知友滄一路相助而不知此實出於王子京之意以前就去世。函可去世後十一年，其弟子屍林出京料理函可後事，再回到廣東，剛好今無阿字得知王子京棄官雲遊，於是今無寫信給王子京，談及此事，才讓有關當日救助函可和尚的事情見諸文字。

　　屍林，函可和尚弟子。隨和尚出關，在瀋陽居六年（順治十年，1653）南歸，函可和尚有〈送屍林〉詩，中有「六載塞沙共耐饑」句。其後於何年再到瀋陽，未見記載，可能同年隨明藏主歸。（見第七章之四）順治十四年（1657），屍林又隨今無阿字一起南歸，順治十六年（1659）夏，回到雷峯，冬，得和尚去世消息，再度出關，經十一年，始回到廣東。[34]

　　今無，字阿字，番禺人，俗姓萬，函昰和尚弟子。順治十三年（1656）奉師命到瀋陽訪函可，順治十四年（1657）九月，與屍林、育子一同南歸。函昰付以大法，主海幢，著《宣光台集》。

33　《千山詩集》顧夢游〈序〉。

34　釋今無〈贈屍林〉並序。釋今無《宣光台集》，卷 1。收入《四庫禁燬叢刊》，集部 186 冊。頁集 186-338。

有關王子京之材料甚少，他有否回信今無？如果有內容
爲何？也不得而知。

茲說明友滄、王子京被發現之經過：

1.有關友滄

函可在獄中及被解送京師途中都得人照顧。

今無在〈與王子京書〉則云：

> 和尚三木殘魂，無所依附。蓬跣蟣蝨，身羸氣短。一
> 踽一仆，讞鞠未成。柴市路遠，乃爲饑渴所燒，自分
> 必死。而於斯時，忽有擔壺漿，攜衣服，食之、衣之，
> 莫之所從來，相繼而至，竟踰百日夕。[35]

此爲函可和尙對今無透露被審訊後解送獄中時的遭遇，
並謂接濟達百日之久。函尙十月被捕，後送北京，四月二十
八日入瀋，上距百日則函可於正月械送京師。

函昰在〈塔銘〉說：

> 自禍起至發遣，中間兩年，惟同參法緯暨諸徒五人
> 外，無一近傍。然內外安置極細，如獄中一飲啖，一
> 衣屨，隨意而至，如天中人。師當時所能自爲者，順
> 緣耳。庸詎知已有人屬某緇，屬某素，甲事若此，乙
> 事若彼，開士密行不令人知，何擇時地。然師所以獲
> 是報者，豈非平生好義，暗中鍼縷不爽，諸如道在人
> 天，且別論也。[36]

照函昰所說，確有一個人在安排，只是不知是何人，而函可
只能順緣。能有此奇遇，只能歸之於好報。

---

35 釋今無《宣光台集》。收入《四庫禁燬叢刊》，集部 186 冊。頁集 186-196。
36 函昰〈塔銘〉。

　　直到遣戍之日，有一僧人來相送，發現原來此人是友滄師。意會到被捕後所受種種好，都是友滄師所為。

　　今無〈與王子京書〉又云：

> 及遣戍之日，馬首東向，黑風揚沙，跋踏悽慟，一僧柴輼奔來送別，白鏹贈路，情致悲纏，僅能問名，即爾相背，乃知為友滄師也。遂以意會，曩之所給，皆出斯人，一路投荒，遂鏤心版。[37]

　　所以函可深感友滄。今無又說：

> 此後友滄郵答，亦露其概，和尚既感肉骨之恩，亦奇僧俠之遇。

　　此後函可與友滄通郵，但友滄始終沒有說出真相。

2.有關王子京

　　直到今無於順治十三年（1654）夏，到瀋陽探訪函可，順治十四年（1657）九月南返，順治十六年（1659）夏，始抵雷峯。當他途經南京，從父老口中得知當日是王子京授意友滄所為。

　　〈與王子京〉云：

> 及己亥間，南歸金陵，諸故人口傳手寫，而後知事有大謬不然者。友滄所為，皆出尊指，用人之金，受人之托，不露一言，…和尚感激，深之又深，切之又切，竟未得知其故。今死生相隔，磧路如塵，知之者，惟某而已。…今聞居士，無意圭組，道巾野服，翛然雲外，何道岸之高？益令人有天際之想。[38]

所以函可和尚只知道友滄，而竟未知其受意於王子京。今無丙

---

37 見今無《宣光台集》。收入《四庫禁燬叢刊》，集部 186 冊。頁集 186-197。
38 同上。

申（順治十三年，1656）入瀋陽訪剩人，已亥（順治十六年，1659）回途經金陵，得知事實，是年夏才回到雷峯，但十一月剩人逝世，所以來不及告知剩人。和尚去世後十一年，今無聽說王子京放棄官途，道巾野服雲遊，於是寫了〈與王子京書〉。

對於這件事，令人難以理解的，例如：王子京為何敢冒死接濟函可？友滄何以能順利接近函可？王子京背後是否又受更高人士所托，才能如此順利的接濟。然而這都要有待更多資料的考證。

王子京，四川人。曾與覺浪道盛討論有關出處問題，可能禮道盛為居士，[39]入清後為觀察使。是一個以金錢接濟明遺民又為遺民脫難的人。函可南歸前有〈留別王子京〉詩云：

> 不為金錢思長者，每從處士揖孤僧。[40]

不為金錢而思，顯然他是有以金錢救濟遺民，與函可亦時有往來。邢昉《石臼集》卷2，有〈贈介立上人〉詩，有小引，說：

> 介立以誣被繫，子京觀察脫□。[41]

則介立上人下獄子京為其脫罪得釋。至於介立上人為何被下獄，詩中說：

> 心孤避俗反成疑，網密含沙竟招忌。忽遭官長劉栖楚，
>
> 一宿卻繫京兆府。賞音牙曠相救援，不負平生作詩苦。

該詩前後均為丙戌年（順治三年，1646）之詩，則該事應發生於丙戌年。

介立上人，高座寺僧。函可詩「垂死相看道味濃」。[42]與

---

39 嘉興大藏經　第三十四冊　No. B311《天界覺浪盛禪師全錄》卷之二十七。
40 《千山詩集・補遺》〈留別王子京〉，頁集 144-609。
41 邢昉《石臼後集》卷 2，頁集 51-212。

邢昉尤為好友，邢昉《石臼集》中多首有關介立之詩，可見其交情。如：〈高座寺避暑介立上人院〉、〈介立上人山房〉附註「乞得十日住，洗盡一客魂」、〈夜宿介立上人房〉等。[43]

　　所以王子京盡力接濟函可和尚是有可能的。1.他同情遺民。2.他與函可和尚也是朋友。3.介立有難予以相救，而今救不了函可，予以物資接濟。4.洪承疇已於三月回京守制，況且事態嚴重，把函可案交刑部處理，還會如此救濟函可？所以還是以出自王子京所為最有可能。

　　函可和尚到南京印經，是一個合符常理的理由。但是這個日子，對明遺民來說，卻是一個非常重要的日子。崇禎十七年（1644）除夕，是明朝年號最後的一天，自此明朝真的走入歷史。函可因為難隱其愛國之心，所以趕到南京與南明政府、遺民們共渡此日。因此親睹清兵下南京的情景，朝野內外一片抗敵的激情，函可將所見聞記為長詩，詩歌於出關南歸時曝光，遂惹禍被捕，得流放瀋陽，焚修慈恩寺的結果。

　　從顧夢遊和邢昉的送別詩為証，函可和尚滯留南京到順治四年（1647）秋，才南返被捕。

　　洪承疇因為與韓日纘的師生關係發通關牌照給函可和尚南歸，其後也不忘照顧韓師生鄉間遺孤，顯示他也重感情的一面。

　　函可和尚從被捕到發放瀋陽一段期間，是誰從中接濟？王子京始終未有出面說清楚，則仍是一個懸案。為甚麼不說？

42　《千山詩集》卷9，〈寄一門介立二法主〉，頁集144-520-212。
43　邢昉《石臼前集》卷5，頁集51-138、《石臼後集》卷1，頁集51-189、卷3，頁集51-228。

第四章　流放後的千山剩人和尚（函可）：從「憤」到「恕」

　　函可和尚流放瀋陽後，一直到圓寂，未能重返中原。在瀋陽期間共十二年（1648-1659），他展開了另一個新的人生歷程。他在身心受創，極度無望的日子下，如何重建新生，以頑強、積極地實踐本份為己任？事實上，他把被流放的日子從死寂變成充滿生氣、把人生變得彩色，他在明清易代遺民的生活方式中建立了新的生活典範。

　　本章試從他的詩作和其《語錄》，以及與他人和唱詩歌中，探看他在這人生新階段中，心情轉折的經過。以明瞭他如何受制於環境又可以不妥協於環境，如何順應環境，隨形轉化的經過情形。

　　這十二年中，函可和尚的心路歷程，經歷了三個階段的轉化：

　　1.盛氣難平、消沉。

　　2.激憤至極、崩潰。

　　3.從頓悟中蛻變、奮發。

　　這三種心情轉折的結果，呈現於外在的生活上表現是一、創立「冰天詩社」，二、更號「剩人」並哭祭蒼生，三、

暗泣悲鳴中的頓悟 —— 致力於南禪北傳。以下從這三方面加以說明。

第一節　創立「冰天詩社」

函可和尚於被放後仍能創造出另一片天空，是因爲當他把生活聚焦於傳教的同時，內心的恨亦隨之淡化，昇華爲關切眾人之大愛情懷，表現了「恕」的精神。創立「冰天詩社」，是函可和尚初到瀋陽時，在盛氣難平之下，情緒抒發的出口。也是代表着他從初到瀋陽時的孤寂、悲憤、消沉中復振起來。讓函可改變的關鍵人物是左懋泰。[1]左懋泰於函可到達瀋陽後第二年（1649 順治六年）謫戌瀋陽，從此成爲摯交，互訪聊天詩歌酬唱，更招引同好，相聚共抒懷抱。次年，共組「冰天詩社」，這是函可和尚初到瀋陽的第三年冬天。

一、左懋泰到瀋陽前後的函可和尚

（一）初到瀋陽時之函可和尚

身心受創、思念家鄉，憂憤難平。由於受刑拷供，身體是元氣大傷甚至不良於行。函昰〈塔銘〉說：

---

1 左懋泰，字韋諸，號大萊。左懋第族弟。明崇禎進士，官至吏部郎中。曾降李自成，清兵入關後，他不降清後 "爲仇家所訐" ，于清順治六年舉家百口共流鐵嶺。http://www.nen.com.cn 及附見於《明史》卷 275，列傳 163，〈左懋第傳〉，台北：鼎文，1982。頁 7048-51。

拷掠至數日，但曰某一人自為，夾木再折，無二語。
乃發營後鞫，項鐵至三，繞兩足，重傷。走二十里如
平時江寧之緇白還睹…為之含涕而不敢發一語。[2]

郝浴〈塔碑銘〉說：

萬楚交下，絕而復甦者數，口齒嚼然，無一語不根於道。
血淋没趾，屹立如山。觀者皆驚顧咋指歎為有道。[3]

因此，函可失意的帶著傷痕纍纍的身軀到瀋陽。他在《語
錄》中的〈十二時歌〉之九，清楚描述了他身心受創之苦與
失落之情：

前年夾棍去年牢，萬種欺凌憑獄卒，皮已穿，骨也出。[4]

又有詩云：

不見雙足間，斑斑餘十趾。[5]

由於不良於行，趙子方與諸公送給他一隻羸子代步。[6]

其〈同雪公遊千頂紀事〉十首，小序云：

予向以病，不敢登高。[7]

四十七歲，在《詩集》卷首〈自序〉中，他形容自己是：

備歷刑苦，鬚白齒落，耳聾目瞶。

所以被流放後的身體狀況是可以想見的。

初到瀋陽，函可和尚思鄉之情，是焦急又神傷。

---

2 函昰〈塔銘〉。
3 郝浴〈塔碑銘〉。
4 函可《剩人和尚語錄》卷6。頁350。-
5 函可《千山詩集》，卷3，頁集144-480。
6 《千山詩集》卷7〈悼羸〉三首，卷7，頁144-507，又：卷16，〈呈羸〉，
　頁集144-577。
7 見汪宗衍《明末剩人和尚年譜》，頁30。函可《千山詩集》卷13，〈同
　雪公遊千頂紀事十首〉。頁集144-552-3。

　　自從離鄉北上（1644 年底）就沒有家中消息，他記掛家
人的安危，只能哭望家鄉，寄懷於詩歌。其〈懷嶺南〉詩云：

> 雙淚紛紛灑大荒，弟兄叔姪轉難忘。
>
> 不知嶺海風波後，若個猶存若個亡。[8]

所以，初到瀋陽的兩年，他是在悲憤、焦急中渡過，無法唸
佛傳教的。他坦言：

> 放汝殘生來唸佛，誰知到此一年餘，依然忘卻波羅
> 蜜。[9]

（二）左懋泰到瀋陽後的函可和尚

　　然而左懋泰的不幸，卻成為他的大幸，因為他得與左懋
泰（大來）交往，使他的心情因此有了重大的改善。左懋泰
被放來瀋，從此函可有一個可以傾訴的朋友。他們往來唱吟，
互訴情懷，在談詩、論道、閒話家常下，函可和尚的心情因
此改善。

　　《語錄》，左〈序〉云：

> 剩人先來，逾歲余亦放至，得城陰數椽屋，頻死之餘，
> 尚載敝篋書一車，意為僵臥遺奠之具。剩公每來，輒
> 抓搔典籍，獨提示宗教栩栩相視也。間煮篛粥，調蘁
> 鹽，或擊槁木，佐以瓦缶，唱酬吟咏，一室之外遂無
> 知者。[10]

函可和尚從孤憤中，漸穩定下來，並與左懋泰相互勉勵，以

8　同上，卷 17，頁集 144-593。

9　同註 4。

10 函可《剩人和尚語錄》，左〈序〉。香港：金強印務，1970。頁 1-2。

詩托志。以下可見他們的交往情形。

函可和尚詩〈北里過訪〉云：

> …出門大雪欲何之，僮僕無言瘦衛知。
>
> 只在南郊三里外，定因昨日老僧期…[11]

另一首〈招高一戴三同過北里喜及刺翁春侯至兼訂後會〉：

> 出門定向北郊行，半路招呼冷弟兄…
>
> 嗟予嶺海梅花夢，羨汝池塘春草生。
>
> 薄暮日歸重定約，無過隔日足離情。[12]

他們的出門，好像只有一個目的地，就是去對方的家裡。函可在南郊，北里居北，所以出門定是一個往南走，一往北行。而且呼朋引伴，並訂後約，「無過隔日」，可見聚會之頻。

懋泰之得遇剩人，亦是幸事，他喻之為海中之明燈。其在〈序〉中說：

> 昔韓昌黎與大顛，雖三書珍重，留衣作別，紀其相見，寥寥數語。余被遣出塞，甚于潮澥，而獨得與剩公永其朝夕，白塵交橫，海風漂泊一燈炯然。[13]

相聚時或彈琴寄意，彼此都成知音。

又其〈聽北里彈琴〉云：

> …指外通心事，弦中絕世氛。民生慍未解，何處覓南薰。[14]

足見他們雖然被放於世外，卻有一份不離塵世的複雜入世心

11　函可《千山詩集》卷 9，頁集 144-522。
12　同上。
13　同註 10。
14　函可《千山詩集》卷 6，頁集 144-499。

情。相互的扶持勉勵之下，正義的心再振起，心志更堅定，寄情詩歌。奮勵之情更不可遏。

　　終於決定組「冰天詩社」，號召志同道合者以詩歌述志。窮餘生之力，以正義的心論天下大事、關懷天下大事。所以他豪壯的說：「盡東西南北之冰魂，灑古往今來之熱血」、「聊借雪窖之餘生，用續東林之勝事」，這是他豪放、激昂、堅定的誓言。

（三）組冰天詩社

　　這是順治七年（1650），即函可和尚到瀋陽後第三年，亦是左氏到瀋陽後第二年，[15]即決定組「冰天詩社」。這是兩人互勉互勵下進一步欲借詩歌明志，寄托悲憤之情的積極行動。[16]也是他來到瀋陽後的對以後的人生規劃。

1.坦白的宣示，建立詩社的目的。

　　函可和尚詩集的〈冰天社詩・自序〉中。說道：

> 白蓮久荒，堅冰既至。寒雲羃羃，大地沉沉。嗟寒草
> 之盡枯，幸山薇之尚在。布衲尷毬，匪獨杲長老之梅
> 州。遠逐孤臣，憔悴尤甚韓吏部之潮陽。夕邊珍重，
> 三書蕭條。隻杖每長歌以當泣，寧寡和而益高。蘭移
> 幽谷，非無人而自芳。松植千山，實經冬而彌茂。悲
> 深猿鶴，痛溢人天。盡東西南北之冰魂，灑古往今來
> 之熱血。既不費遠公蓄酒，亦豈容靈運雜心。聊借雪

15　函可《千山詩集》卷20，〈冰天社詩〉〈自序〉。頁集144-598。
16　同上，卷5，〈過北里讀徂東集〉，頁集144-491。和函可《剩人和尚語錄》〈左序〉。

　　　　窖之餘生，用續東林之勝事。詩逾半百，會未及三。

　　　　搗搔漫題。[17]

「盡東西南北之冰魂，灑古往今來之熱血」、「聊借雪窖之

餘生，用續東林之勝事」，其目的非常清楚。

　　詩社的成員與詩作：

　　詩社成立時社員共三十三人：搗搔和尚、北里先生、湧

狂、大鈴、正羞、希與道者、焦冥道者、寒寰、甦築、叫寰、

東耳、天口、兀者、錦魂、刺翁、光公、春侯、薪夷、孝濱、

小沅、阿玄、大頑、二愚、雪蛆、冰魂、石人、沙子、青草、

狂封、丁令、子規、不二先生、鎮君等。[18]

　　詩社集詩有兩會，共 66 首，另 20 首爲招諸公入社詩。

　　從社詩來看，當時對於成立詩社，雖有人表示非常支持，

但也有人表示懷疑與不讚同的態度。

　　表示非常支持的人有：小阮、阿玄、狂封、冰鬼、丁仙、

石人、沙子、雪蛆、鎮君等人。

　　小阮說：「白社重開吾將往」。[19]

　　阿玄說：「又容饒舌到荒墟」。[20]

　　狂封說：「國家拋盡話倫常，只道余狂爾更狂。三子西

　　　　　　山居不遠，待來攜手到僧堂。」。[21]

　　冰鬼說：「談到當來一點塵」。[22]

---

17 函可《千山詩集》卷 20。〈冰天社詩〉序。頁集 144-598。
18 同上。〈冰天社詩〉。頁集 144-598。
19 同上。〈小阮〉，頁集 144-604。
20 同上。〈阿玄〉，頁集 144-604。
21 同上。〈狂封答〉，頁集 144-606。
22 同上。〈冰鬼答〉，頁集 144-606。

丁仙說：「杖頭已了無生話，一日千年作是觀。」。[23]

石人答：「共爾沉江我亦欣，相從終不了頑心。笛聲未
　　　　聽肝先烈，惆悵當年直到今。」。[24]

沙子詩：「黃泉亦是安身地，何事偏于白月親。」彼比
　　　　都有視死如歸的情懷。[25]

鎮君說：「白社偏勞問主人」。[26]

表示懷疑與不讚同的，如：不二、薪夷、子規。

不二說：「帝閽縱扣原無益，只恐空門亦有悲」。[27]

薪夷說：「何必盡留文字障，定知難解友朋心。寒齋幾
　　　　度勞飛錫，日極千尋黑浪沉」。[28]

子規答：「千年痴恨在西湖，無奈啼多血亦枯。木佛已
　　　　燒山寺冷，不知蓮社久長無。」。[29]

2.興辦詩社遇到的阻力

　　雖然支持的人是比較多，畢竟也有人不讚成，甚至對詩
社造成阻力。如來自於□□先生和寺中大僧的阻止。先看以
下今羞在《詩集》〈序〉中的幾則話：

> 第見師拈錘豎拂之餘，目有觸、境有所會，輒不自禁，
> 或纍纍千言，或寥寥數語，日積成帙。□□先生前而
> 諫曰：師胡為乎來？禍根慎不速鋤，乃復滋其苗耶！

---

23 同上。〈丁仙答〉，頁集 144-606。
24 同上。〈石人答〉，頁集 144-606。
25 同上。〈沙子答〉，頁集 144-606。
26 同上。〈鎮君答〉，頁集 144-607。
27 同上。〈不二答〉，頁集 144-605。
28 同上。〈新夷〉，頁集 144-603。
29 同上。〈子規答〉，頁集 144-606。

師唯唯。…

大僧復屬色而呵曰：吾儕自有本業，貝葉之弗翻、木
橌弗數，而安事此毛錐為？師唯唯。…

羞伺間而進曰：大僧下矣。先生之言或有當與？師微
哂，從容而語曰：而不見夫黑毛而長耳者乎，雖霜雪
在背，鞭策在後，而猶不禁振鬣而鳴也。[30]

第一段中這位先生不知是何人，原文就已作刪去名字，只作
□□先生。此人可能是左懋泰，因為函可到瀋陽後二年得遇
左懋泰來瀋陽成摯交，才有朋友，而《詩集》、《語錄》中
也未有發現在左懋泰來瀋陽前，有一位□□先生的人物，而
且是有能力可以出言相勸的。左懋泰是降於清，任清官的人，
因罪被放又豈敢再惹災禍。也許在大僧勸阻下，左懋泰也認
同了大僧的主張，寫詩抒懷則可，樹起旗幟冒犯天威，可能
不是他讚成的事。大僧當為掌寺主持，有權可勸止函可和尚
言行者。

第二段文字顯示函可和尚於每有所感懷，即寄諸詩歌，
不論千言、數語，足以纍積成帙。這是函可和尚唯一抒發情
懷的方法。儘管□□先生語重心長的勸他速鋤禍根、大僧屬
聲呵責他要守「本業」，「安事此毛錐」，但函可和尚的反
應都只唯唯以對。

第三段函可和尚顯露了他的真實相。對先生與大僧的唯
唯，但暗地裡卻對今羞表示：「雖霜雪在背，鞭策在後，而
猶不禁振鬣而鳴」。可見函可和尚對寫詩托志的態度是非常

---

30 同上。卷首，〈自序〉附今羞所記。頁集 144-446。

堅決固執。

　　詩社後來有沒有續辦，維持了多久，不得而知，但曾經確實的興辦過。冰天詩社的詩就只有如上所述的共 86 首。也許以後並沒有如此的情懷激動，行為彰顯，但仍有聚會寫詩，而函可和尚的詩則散見於《千山詩集》中。所以有沒有詩社之名不是重點，他們依舊聚會寫詩不斷。如：詩社成立後三年，函可出門，多去春歸，諸子送行，有〈癸巳（1653）冬，四日，諸公同集普濟話別〉詩，[31]其中提到的送行人物有吏部、學士、豫章宿將、三郎、盧江高士、浙東公子、青門種瓜人等，這都是詩社中人。

　　吏部即左大萊，函可和尚詩中常寫作「大來」，如〈哭左吏部大來八首。[32]豫章宿將、三郎，三郎即戴三，豫章宿將是三郎之父，有詩〈贈戴三〉有引。[33]浙東公子，可能是錦魂，因為他是詩社中唯一的浙江人。至於青門種瓜人、學士、盧江高士等不知何人。所以詩社中人仍往來不絕。

　　總之，從詩集看，詩社諸人是時有聚會。而且左大萊的雪齋就是他們經常聚會的地方。函可和尚有〈雪齋落成〉詩：

> 四海少鄰並，況茲東復東。登堦唯鶴跡，掛壁有詩筒。
> 豈為兒孫計，聊安君子窮。委懷全宋楊，論事據古桐。
> 千卷萬卷在，兩人三人同。快談當聖代，高咏寄玄穹…
> 浮生只若此，大業在其中。前往後猶待，隱然抱厥躬。[34]

---

31 同上。卷 5，頁集 144-494。
32 同上。卷 12，頁集 144-546。
33 同上。卷 5，頁集 144-493。
34 同上。卷 8，頁集 144-514。

詩中表示了雪齋建造的目的，齋內裝備有書、牆壁掛詩筒，論事的情形、內容，全都寄諸歌詠中。「**大業在其中**」，說明這是他們共同的志向。並表達了「前往後猶待，隱然抱厥躬」的堅決心意。共聚還可以互訴心曲一解鄉愁。

《詩集》中，寫雪齋集會的詩有 10 首，如：〈踏冰過雪齋〉：「**尋風尋欲尋誰，北里先生睡起遲…**」[35]寫風雪不改的聚會。〈中秋同集雪齋〉、[36]〈同諸子宿雪齋〉、[37]〈再集雪齋竟日〉、[38]〈讀雪齋新詩〉、[39]〈至前一日同諸子過雪齋因聞再舉子〉、[40]〈月夜雪齋同諸子賦〉[41]…等。他們白天去，也晚上去，可能在齋中過宿。其〈從雪齋歸〉詩，更誇張的說「**出門一步即相思**」。[42]他們熱衷於聚會，除了前述「**大業在其中**」的主要原因以外，其次是聚談可以寄托鄉愁。彼此都是同病相憐的異鄉人，來到雪齋可以盡情暢談，寄托懷抱並解鄉愁。如函可和尚說「**但能談笑無倦，即與家鄉不殊**」。[43]此外諸子互訪相聚的詩如：〈別諸公往遼陽〉、[44]〈同諸公夜集希焦二師室〉、[45]〈同社中諸子賦百韻〉、[46]〈再集高寒

---

35 同上。卷 9，頁集 144-523。
36 同上。卷 3，頁集 144-477。
37 同上。卷 9，頁集 144-519。
38 同上。卷 9，頁集 144-522。
39 同上。卷 9，頁集 144-523。
40 同上。卷 10，頁集 144-531。
41 同上。卷 18，頁集 144-595。
42 同上。卷 9，頁集 144-523。
43 同上。卷 9，頁集 144-522。
44 同上。卷 7，頁集 144-505。
45 同上。卷 7，頁集 144-506。
46 同上。卷 8，頁集 144-514-516。

還舍〉、[47]〈諸子過集〉、[48]〈重陽集北里大雪〉、[49]〈同諸老夜話〉、[50]〈同阿字諸子夜坐〉等。[51]至於與一兩同志往還之詩則彼彼皆是。

依據《千山詩集》〈自序〉云：「余今年歲望七十尚二十又三」，則今羨、今何是於順治十四年（1657）編刻《千山詩集》，函可和尙時年 47 歲。即在 49 歲圓寂前兩年。從今羨於〈自序〉附記看，則函可和尙於死前兩年仍是不斷聚會，以詩歌寄懷。

第二節　更號「剩人」與哭祭蒼生

正在函可和尙心情得以改善之際，突然波瀾再起，而且更甚於從前。（1651，順治八年）因爲道獨和尙遣其徒真乘到瀋陽訪函可，並告知其家鄉十不存一，只有一弟一姪生存的消息。[52]函可和尙悲慟至於崩潰，激憤至極，於是更號爲「剩人」。

「剩人」二字，既悲憐自己的遭遇也是對戰爭的控訴。他憤不可抑，一哭再哭，全寄託於詩歌詠唱中。

原來在函可和尙被捕那年，清兵南下廣東，張家玉起兵

---

47 同上。
48 同上。頁集 144-523。
49 同上。卷 10，頁集 144-526。
50 同上。卷 11，頁集 144-534。
51 同上。卷 13，頁集 144-554。
52 函可《剩人和尙語錄》，卷 3，頁 177。

東莞駐守博羅，函可和尙從兄弟如琰，也自建一旗參與起義。
清下博羅，屠其城，和尙家族因而「十不存一」，家中「僅
留三弟一身」。函可和尙對家人的罹難、師友輩的犧牲等，
悲憤之情不可遏止，如堤之頓潰。這時期他借詩歌抒發心中
悲憤，寫了很多悲憤、激憤的詩歌。

（一）哭家人：有詩云：

幾載望鄉音，昔來卻畏真。舉家數百口，一弟獨為人。

黃沙萬里休余念，白骨全家賴爾收。[53]

八年不見羅浮信，閭邑驚聞一聚塵。
共向故君辭世上，獨留病弟哭江濱。[54]

深恩累代心何憾，命盡全家泪又新。…
尋思最苦身仍在，黯黯風沙愁殺人。[55]

長邊獨立淚潸然，點點田衣濺血鮮。
半壁山河愁處盡，一家骨肉夢中圓。[56]

他恨身在異鄉不得歸。其〈辛卯寓普濟作八歌〉之一，詩云：

罪夫罪夫胡不死，百千捶楚餘頭趾。

---

53 函可《千山詩集》，卷 10，〈憶耳叔弟二首〉。頁集 144-527。
54 同上。〈得博羅信三首〉之一，頁集 144-527。
55 同上。〈得博羅信三首〉之二，頁集 144-527。
56 同上。〈得博羅信三首〉之三，頁集 144-527。

> 鄉國遙遙一萬里，中有蔓棘及弧矢。
>
> 骨肉喪盡不得歸，遠磧蒼茫大風起。
>
> 大風起兮，沙閉天。
>
> 誰非人子兮，心怒然。
>
> 安得手扶白日兮，
>
> 上照四塞之荒煙，下照萬丈之黃泉。[57]

他恨不得與家人同死，「最苦身仍在」，又埋怨自己「胡不死」，有種獨自偷生的感覺。讓人不忍卒讀的詩篇，處處訴說着戰爭的殘酷。他寫一首五言樂府詩〈秋思〉，長達 410 字，詳述他一家人的遭遇，是函可和尚身世最真實的資料，此時的他更恨不能插翼回鄉。[58]然而次年四月，今育和尚來瀋陽訪函可時，[59]又傳來消息，說道唯一幸存之一弟，也遭殺害。連忠心的家僕為了維護其產業也犧牲，剩和尚寫了〈聞耳叔盡節〉。[60]他把耳叔弟的被殺視為「盡節」。又作〈遙哭錄用道廣兩僕〉，有小引，說：

> 錄用執役先子幾三十年，道廣亦不下十餘年，生性淳樸，遺產皆其管理。丁亥而後諸弟相繼盡節，當事執二人追其產，二人私相語曰：三孤幼在，將何所存活，因誓死不言同斃於獄。嗚呼！誰謂死真易耶！[61]

---

57 函可《千山詩集》，卷五，頁集 144-492。

58 函可《千山詩集》，卷一，〈秋思〉，頁集 144-470。

59 今育，可能為函可和尚弟子，《詩集》卷六，頁集 144-504，有〈大雨喜育子遠訪〉詩，中云：「一別五經年」句，上推則函可和尚相別於順治四年（1647），正是函可和尚被捕之年，今育可能是一同南返五人之一。

60 同上，卷 11。頁集 144-535。

61 同上，卷 11。頁集 144-541。又函可《剩人和尚語錄》，卷三。屈大均《廣東新語》十二。

耳叔之死已見前章。從兩僕之死亦可見當時重忠、義，輕生死的風氣。函可和尚在親人、朋友遇難、殉難消息相繼傳來，悲憤之情不可捺，如排山倒海般，洶湧而來，他寫下大量的哀悼詩。

（二）哭悼忠魂：

哭悼為國而殉的長輩、朋友，見於《詩集》有：
〈遙哭秋濤〉：「盡把心肝報主休…長偕正氣世間留」。
〈遙哭玄子〉：「鄧禹未能追鄴下，秀夫終合殉厓門…沙磧頻招忠義魂」。
〈遙哭美周〉：「一身報國氣無前」。
〈遙哭未央〉：「宰官忽現睢陽齒，祖道唯懸獅子頭」。
此外，〈遙哭巨源〉、〈遙哭千里〉等。[62]

他說：「我有兩行淚，十年不得乾」，又「不知是血或是魂，化作吳刀切心髓」等。悲憤之情更不可遏。

秋濤即陳子壯，南海人。玄子即張家玉，與陳邦彥三人在眼見清兵攻取廣東之後，正移兵往西追殺廣西的永曆帝。情急之下三人相約舉義讓清兵回救廣州，從而牽制清兵往西，讓永曆皇朝有喘息機會。最後三先生都抗敵殉難，達到牽制清兵約七個月的效果。時人稱為「廣東三忠」。

美周即黎遂球，番禺人。隆武時兵科給事中，以兩廣水陸義師援贛州城陷殉難。[63]未央是梁朝鍾，番禺人。崇禎十

62 以上五首詩均見函可《千山詩集》，卷9。頁集144-521-22。
63 黎遂球，見第二章，註60。

六年進士廣州陷殉難。[64]函可和尚憤慨難遏，寫了〈秋思新淚〉長篇詩，全詩達 560 字，歷數自古以來忠烈事，認爲宋末抗敵慘烈，然而明末抗敵的轟烈又非宋代能比，甚至死去的人比活着的多。其詩有云：

> 烈烈復轟轟，又非宋代比。…地上反奄奄，地下多生氣。我欲從頭哭，淚盡東海水。[65]

有感師友的犧牲，他在給道獨和尚的信中感慨地說：

> 座下半成忠義鬼。[66]

函可和尚的哭親哭友哭蒼生，就如他所寫的〈泪〉云：

> 我有兩行泪，十年不得乾。灑天天戶閉，灑地地骨寒。不如灑東海，隨潮到虎門。[67]

函可和尚更號「剩人」，說明自己國破家亡悲哀的遭遇、控訴了戰爭的殘酷。函可的哭，終至於無淚可哭。但他盡情之哭，可以說是對以前遭遇的一個總結，接下來，他要開拓人生的新里程。

第三節　暗泣悲鳴中的頓悟
—— 致力於南禪北傳

　　將南禪北傳是函可和尚一生中一項重大的成就。

　　在一無所有，飄然一身的情況下，函可以剩人和尚的身

---

64 梁朝鍾，見第二章，註 52。
65 函可《千山詩集》，卷 3。頁集 144-473。
66 函可《詩集》，頁集 144-527。
67 函可《千山詩集》，卷 3。頁集 144-474。

份、心境重新出發。他努力的弘法、處處緊守忠、孝的原則，
儼然成為朋友與信徒的人生導師，尤其在他法理俱備的開
導，安慰當時瀋陽地方流人的心靈，對東北地方的文教提出
貢獻。其努力過程 1.收拾心情.2.全力傳教.3.廣結朋友。過程
茲述如下：

（一）以詩歌遣懷和廣交朋友來收拾悲憤的心情

1.詩歌遣懷

函可剩人和尙說：

> 我有兩行淚，十年不得。[68]

痛定思痛之餘，以一種新的心情再起步。寒還被放瀋陽，三
年後得釋，他寫詩互勉說：

> 努力事前路，勿為兒女悲。[69]

可見他是一個主張面對現實去努力發揮理想的人。從他的行
事可以發現他所努力的方向，是弘法，同時寓教於生活之中。

　　而足賴以寄情抒懷的就是唱吟詩歌與廣結朋友。函靜說：

> 及其以文字獲罪，脫萬死於一生，視吾舌尚在，習氣
> 未除，復寄情於吟咏，睠懷宗國，篤念同氣，或採薇
> 之歌，或擬招魂之些，撫今追昔，感慨繫之，雖吾兄
> 固不欲以詩名也。[70]

「視吾舌尚在，習氣未除」，是剩和尙始終大膽的以詩寄志。

---

68 函可《千山詩集》，卷 3，〈泪〉。頁集 144-474。
69 同上，卷 3，〈寒還將行過宿〉。頁集 144-476。寒還可能就是今獵與他
　一起被放瀋陽，見第七章，註 49。
70 函可《千山詩集》函靜〈序〉。

是他的堅持，也是文人的習氣，再說明他爲僧後仍保持儒者本色。「採薇」、「招魂」，所以寫詩是寄託亡國亡家之痛、是悼念爲國而犧牲者的英魂，因爲這些人中包括了自己的家人、長輩、朋友，也是唯一的自遣之法，而不是想成就詩名。

　　函可（剩人）這位詩人和尚是一位跨時代的人物，他經歷了歷史的過渡，以詩見證了這歷史時刻。

2.廣交朋友

　　剩人和尚的交遊，由一般平民百姓、王公貴人、道士以及流人都有，一是以詩歌唱和或記其事。從詩中處處顯示出他對別人的關愛，民胞物與之精神。如：〈老人行〉，詠嘆八旗官莊園餵馬的奴僕；〈聽打鐵子唱歌〉，寫流落異鄉的打鐵匠；〈哭吳岸先〉詩，寫客死異鄉的吳岸先，還有〈戴子賣衣買粟〉。不但寫出剩人和尚在當地的交遊情形，也寫出當時社會的生活面貌。冰鬼有詩云：「請學何妨是老農」。[71]〈送苗煉師入燕〉、〈喜李鍊師禁足〉、〈苗鍊師雪中入山相訪〉、〈懷苗煉師〉、〈大雪李苗二鍊師同諸子過談竟日〉等，說明他的平易近人，朋友交遊，無分階級。

　　此外他也與不同道的人交往，如：〈與希焦二道者夜談〉、〈贈五千道者〉、〈同諸公夜集希焦二師室〉、〈又過希焦二師〉、〈贈年少道者〉、〈贈智輪道者〉等。[72]從詩中大概可知希、焦是兄弟，喜客，跟剩人和尚是好友，甚至抱病相訪，夜談。大夥你來我往一談竟日，主要在互訴心曲中能「異鄉消積恨」，是重要的排遣恨的方法。而希、焦二道者

71　函可《千山詩集》，頁集 144-279。
72　同上，頁 144-478、503、505、506、554、557、569、572、592。

在冰天詩社成立之初就已是詩社成員。

他也與王公貴人的交往，詩歌相和，如：〈贈遼陽陳令公十韻〉、〈陳令公重招不往〉、〈贈陳令公二首〉、〈贈海城王令公〉五首、〈張太守入山〉等。[73]函可去世後，世居於瀋陽的鎮國公愛新覺羅高塞，也寫了一首悼念函可的詩《悼剩和尚》云：

> 一葉流東土，花飛遼左山。同塵多自得，玩世去人間。
>
> 古塔煙霞在，禪關水月閑。空悲留偈處，今日供登攀。[74]

函昰和尚說，剩人和尚平日是少露文才的，然而私下與陸續被貶來瀋陽的流人相往來，最初以文章節義相慕重，後都引為法交。[75]

因為這些流人都已事清，身為清官，被貶原因多是直言相諫或因作為與清政府相忤而獲罪，與剩人和尚因文字獄被放原因不同。所以函可和尚和他們相處都重於忠、孝、節義相勉勵，或是談論佛法等。而非商謀復國的話題。主要交往流民如左懋泰（大萊）、魏琯（昭華）、李呈祥（吉津）、郝浴（雪海）、李裀（龍袞）、季開生（天中）、陳掖臣（心簡）、吳兆騫（漢槎）、丁澎（飛濤）等。

其中與左懋泰之交往更見其入世情，左懋泰於函可和尚到瀋陽後第二年被放來瀋。兩人無所不談，對函可和尚初到

<hr>

73 同上，頁 144-516、575、576、537、551。
74 王士禛《池北偶談》卷 15，〈敬一主人詩〉，據康熙四十（辛巳，1701）年刻本之開放文學。《清史稿·高塞列傳》，新亞典籍資料庫。http://newasia.proj.hkedcity.net/resources/25/qingshigao/index.phtml？section_num=219
75 函昰〈塔銘〉。

瀋陽的孤寂心情有振起的作用。懋泰去世，他寫詩說：「尋詩問道幾綢繆，八載交情一夕休」，[76]所以他們的相會是談詩、談道。成立冰天詩社，其所築建的雪齋，更成為詩社人聚會之主要場所。函可和尚亦因為有了志同道合的朋友心情得以調適復振。順治十三年（1656）卒於戍所。案汪宗衍的推算，懋泰享年六十一歲。比剩人和尚長十五歲。懋泰死後剩人和尚痛失贄友，與諸老為左公持誦咒，甚至為懋泰諸孤托缽。有詩云：「明知一粒須彌重，坐視飢號自不能。」[77]可見函可（剩人）的重情義，再一次表現了他的入世情懷。函可《剩人和尚語錄》有左懋泰的〈序〉。

　　魏琯，字昭華，壽光人。崇禎進士，官御史。順治二年（1645以原官起用，撫甘肅。順治十二年（1655）以論窩藏逃人瘦斃事，遣戍遼陽。[78]未幾卒於戍所。

　　李呈祥，字吉津，號木齋，霑化人。崇禎十六年（1643）進士，入清仕侍讀學士以上辯滿漢一體，疏下，獄論斬減，順治十年（1653）戍瀋陽。[79]十七年（1660）釋歸。《千山詩集》中有不少有關木齋的詩，《剩人和尚語錄》卷首，有木齋的序，寫于順治十一年甲午（1654），語錄復刻之時。木齋因敬重函可而深交。

　　據〈序〉中說木齋被放，得讀《普濟剩和尚語錄》一函，

76　《千山詩集》卷 12，〈哭左吏部大來八首〉，頁集 144-546。
77　同上。〈雨中同諸老衲為左公持誦經咒〉、〈為左氏諸孤托缽〉。
78　《清史稿・魏琯傳》，卷 224，〈列傳〉31。新亞典籍資料庫。
　　http://newasia.proj.hkedcity.net/resources/25/qingshigao/index.phtml？
　　section_num=244
79　《清史稿・李呈祥傳》，卷 224，列傳 31。《剩人和尚語錄》卷首。

有「讀而恍有醒焉，及見如故」之感，描寫剩師「持身高峻」、「與物甚親」、「譚笑藹如」、「語及罔極之恩，兄弟朋友之誼，未嘗不感激流涕」、「聞人一善終身不忘，急人之難痛若膚剝」。所以木齋是感佩函可法理、爲人而定交。

郝浴字雪海定州人。順治六年（1649）進士，累官至四川巡撫。十一年（1654）以參吳三桂遣戍到瀋陽，十四年（1657）召還。有《郝中山文集》。[80]今《千山詩集》和《剩人和尚語錄》都附有他爲函可寫的《奉天遼陽千山剩人可禪師塔碑銘》。其中記到郝浴兩次與函可和尚詳談，一次爲初到瀋陽見師於高麗館，一談三晝夜，「不聞隻字落禪」。

另一次是丁酉，順治十四年（1657）得赦後，郝浴到瀋陽南塔院找函可，「一燈相對，語洞濟二家之奧」。故郝浴是感佩於函可和尚之南禪法語。

李裀，字龍袞，高密人。累官至兵科給事中，順治十一年（1654）王大臣議匿人法，裀上疏極論其弊，下王大臣論議當論死，改安置尙陽堡，愈年卒。魏琯、李裀之死，剩人和尚有〈送魏李二公靈櫬回〉二首。[81]

季開生，（1627年-1659年）字天中，泰興人。順治六年進士，累至禮科給事中，十二年以諫江南採購疏遣戍尙陽

80　《鐵嶺縣志》，民20年《中國方志叢書》第五號黃世芳修成文出版 卷1，〈人物・寓賢〉〈郝浴傳〉及〈郝雪海中丞事略〉。《清史稿・郝浴傳》。卷275，〈列傳〉57。新亞典籍資料庫。
　　http://newasia.proj.hkedcity.net/resources/25/qingshigao/index.phtml？section_num=270

81　《清史稿・李裀傳》，卷224，〈列傳〉31，新亞典籍資料庫。
　　http://newasia.proj.hkedcity.net/resources/25/qingshigao/index.phtml？section_num=244.又《千山詩集》卷12，頁144-549。

堡，尋卒疏所。四年後爲光棍毆死，「有司不問，疑有主使者」。後來順治帝下詔罪己：「季開生建言，原是爲我考慮，准復官歸葬，蔭一子入監讀書」。史家稱其爲「清朝第一諫臣」。著有《戇臣詩稿》。[82]

陳掖臣（1634-？）又名易，字心簡，江蘇溧陽人。大學士陳名夏長子。順治十一年（1654），大學士甯完我劾陳名夏，名夏被處絞刑，陳掖臣被株連，杖四十，戍尙陽堡。[83]

吳兆騫，（1631 年～1684 年）字漢槎，號季子。吳江人。順治十四年（1657）丁酉鄉試案牽連戍寧古塔。康熙二十年（（1681）得納蘭性德等之贖，入關。康熙二十三年（1684）卒，年 54。著《秋笳集》。有〈奉贈函公五十韻〉詳述函可和尙生平，凡 500 字。

丁澎，又作丁鵬，字飛濤，號藥園，浙江仁和（今杭州）人。回族，世奉伊斯蘭教。生卒年不詳。順治十二年（1655）乙未進士。順治十四年（1657）奉命典試河南副考官。典試河南時，科場案起，以違犯試場規例被劾，十五年（1658）七月，召杖四十流尙陽堡，有〈普濟剩師塔碑銘〉收入《扶荔堂文集》。[84]

此外，函可（剩人）和尙主張忠、孝。他的詩集中有讚揚戴三孝行的詩。明顯貫徹他的言行主張。

---

82 《清史稿・季開生傳》，卷 224，〈列傳〉31，新亞典籍資料庫。
http://newasia.proj.hkedcity.net/resources/25/qingshigao/index.phtml？section_num=244

83 《清史稿・陳名夏傳》，新亞典籍資料庫。
http://newasia.proj.hkedcity.net/resources/25/qingshigao/index.phtml？section_num=245

84 《大清世祖章(順治)皇帝實錄》臺北市：華聯，1964。卷 119，頁 1414-5。

戴子名孝濱，江西章江人。初，不願隨父入楚，而自入空門。其後父被放，於是留頂髮，隨父到瀋以代役，朝夕樵採以供菽水。函可和尙悲其志，而作〈贈戴三〉[85]詩，附序詳述其事。詩集中還有〈戴子賣衣買粟〉[86]、〈雨夜留戴子共榻〉[87]、〈和戴子堡中八咏〉[88]、〈慰戴三病〉[89]、又有〈招高一戴三同過北里喜剌翁春候至兼訂後〉會[90]等。所以戴三跟函可、北里都成爲朋友。而戴三也是成爲詩社成員之一。[91]

（二）從全力弘法到南禪立於北嶺

剩人和尙於到瀋陽後四年（順治八年，1651），將其宗法大行於瀋陽，並成普濟語錄[92]。順治九年（1652）喇嘛等啓請和尙主法席。啓請中云：

> 西來渡葦，方知直指心傳。六代相承，二支并演，棒喝馳于中土，鍼錘未及于遐方，白足親臨，晉代久矣。空聞法眼流入朝鮮，杳然絕響。豈本性果分南北，緣大事實待因緣。恭維剩和尚座下，…洵華首之真子，而壽昌之曾孫…度世有方，松枝再握，已看頑石點頭。劍影未彰，早見天魔落膽。喜大荒之漸闢，祈甘雨以弘施，一燈輝煌于雪窖，夫豈異人五葉燦爛于冰

---

85 函可《千山詩集》卷 5，頁 144-493。
86 同上，卷 3，頁集 144-479。
87 同上，卷 3，頁集 144-478。
88 同上，卷 6，頁集 144-500。
89 同上，卷 7。頁集 144-505。
90 同上，卷 9，頁集 144-522。
91 同上，卷 20，〈同社名次〉，頁 144-598。
92 據《語錄》。

> 天，端在斯日。白骨青燐，無復愁風愁雨。狐神鼠聖，
> 庶幾革面革心。既來九譯，以瞻雲敬。率千群而立
> 雪，…[93]

則函可的傳教已取得肯定的成果，他被稱爲佛出世，得
僧屬掌教之推崇。而啓請中可見，對南法的推崇並以開法雪
竇視爲是因緣已到。順治十一（1654）年左懋泰、李呈祥爲
語錄寫序。諸老重建香巖寺爲獨道、函昰藏錫之處，並於順
治十二（1655）年七月築成。[94]香巖寺之藏錫象徵著曹溪一
脈已立足塞北。如道獨說「吾道東矣」。[95]《語錄》編成後
更已傳回中土、及三韓等地。[96]之後，七坐大刹：即普濟、
廣慈、大寧、永安、慈航、接引、尙陽等。

其說法講經盛況，函昰和尚描述：「會下各五、七百眾」。
愛新覺羅高塞：「一葉流東土」、郝浴〈塔碑銘〉說「鴨西
數千里奉為開宗鼻祖」。則他的南禪北傳成果是當時人所公
認的。

函可（剩人）和尚能使禪宗立足嶺北、能使有學問的流
人儒者與市井之徒都能有所感動，除了傳法態度外，其所說
法理定有過人之魅力與因人說教的本領。

函可（剩人）和尚的成功原因，先是取得人和。初到瀋

93　《剩人和尚語錄》，卷首，〈啓請〉。頁 31-33。該文末寫「順治九年三
　　月朔日」。
94　汪宗衍《明末剩人和尚年譜》，頁 23-28。《詩集》卷 13，〈同雪公遊
　　千頂紀事〉十首，有小序，頁集 144-552-3。
95　丁澎《扶荔堂文集》卷 12，〈普濟剩禪師塔碑〉銘收入《回族典藏全書》，
　　182-183 冊，蘭州市：甘肅文化，2008。頁 57-64。
96　《剩人和尚語錄》，卷首，北里〈序〉。

陽，處處以尊重當地和尙為首。喇嘛、僧主又仁愛，能很快
得以安定。平日如信眾有疑問，必率以問講師。他在瀋陽不
輕易為人剃髮，有乞戒者，都請禮天顯律主師，入室則請其
第一座，凡有戒壇乃請其主之。因此有寬大之名，信眾因之
而多，此可見其謙恭、識大體。[97]與當地法僧、喇嘛相處甚
和諧。見於《詩集》有：如〈大僧行〉、〈贈普願師〉、〈送
明藏主同大莖屍林南行〉、〈贈藏主詩〉〈元旦哭喇嘛二首〉
有引，詳言初出塞乞食，得遇喇嘛解衣衣之，自此衣帽贈貽
不輟的仁愛。〈送登徹僧主香巖受具〉詩中，更推崇徹僧「從
今天外尊惟獨，白拂高懸任指揮」等。[98]

又得慈恩體光僧主，種種加恩，又印真禪人分蓆而寢年
餘，不啻骨肉。案郝浴〈塔碑銘〉：

> 初，上人延和尚閱藏，為演楞嚴、圓覺，四輩皆傾，
> 漸招教外之傳，稍示洞家宗旨。[99]

可見函可和尙行事之謹慎，雖然謙虛，但對於宗門提唱則不
假他人，就是以傳宗法為己任。他有意在瀋陽積極弘揚南宗，
所以曾寫信函昰請派弟子來瀋幫忙，可惜函昰和尙還來不及遣
弟子前往而函可和尙不久即逝。所以函昰有「負汝」之嘆。[100]

97　見於〈塔銘〉。
98　函可《千山詩集》，頁集 144-493、512、537、553-554、558。
99　同上，卷首。頁集 144-449-51。
100　函昰〈塔銘〉：「嘗有書抵余，曰：『門下龍象如雲，若得專人一來，
　　使某得盡其夾輔之力，則曹源一滴長潤塞下』。噫！余於此知師為法求
　　人之切，豈無所見，顧再易裘葛耳。」〈寄麗和尙〉「人天翹首嶺雲
　　空，又向匡廬覓舊叢。杖底瀑飛三百丈，好攜一滴洒遼東。」《詩集》
　　卷 16，頁 144-576。函昰《瞎堂詩集》卷 18，〈題千山剩人可和尙真詩〉：
　　「一滴曹源向北滿」。又卷 11，〈哭千山剩人法弟〉三首之一：「椎
　　拂縱橫知負汝，白頭吟些欲何從。」。

（三）成功之因素

函可（剩人）和尙的傳法是全民的，是入世的，從基本生活細節要求做起。

從其對年青弟子的教誨來看，就是中國傳統的生活倫理的要求，面對着郝浴等人談的才是佛法。由淺入深，由基礎行爲進致真理。那麼，中國傳統的倫理道德觀念是剩人和尙所說佛法之基礎。

所以對一般人而言是首重於教化對知識份子而言才是佛理。他在這兩方面都很成功。

1.寓教於生活，宗旨明確。

剩人和尙的教化從生活細節做起，要求嚴謹，有不合者會嚴斥其非。如其〈示蘊珠〉詩云：

> 年少如何學懶殘，而師恩重似丘山。
> 但能盡孝名為戒，灑掃堂前慰老顏。[101]

他又勉勵非浴：「殷勤莫負好春暉」、又說「自向晴窗補衲衣」。[102]有近於囉唆的叮嚀，處處提點，從細節入手，很生活化。言論主張配合着身教，所以普羅大眾能感受到他的要求、宗旨，而感受到他的教化。

2.其所說法理定有過人之魅力，所以大儒小民都能聽得進，而且有所感動。一般人受法動感情形，則是：

> 趨之者如河魚怒上，六、七年起大疑生大信，采珠投

---

101 同上，卷 17。頁集 144-590。
102 同上，〈示非浴〉，頁集 144-590。

針之徒，每叉手交腳於巖間不去。[103]

《語錄》北里〈序〉說：

> 嘗演法于永安諸剎，令海州屠人咸釋刀去，遼海鬥者
> 至，相戒勿令公知，此亦大道感應之驗矣。

剩人和尚的講法能感動人，能說服人心從善，他在教化人心、
改善風俗方面提出了貢獻。

3.說理精采，能感動人。

李呈祥（木齋）在《語錄》序中說，讀剩人（函可）《語
錄》有「讀而恍有醒焉」的感覺。所謂醒，就是悟。所以剩
和尚是善於說教，能服人。

至於郝浴對剩人和尚的說法感動，描述的最為淋漓盡致
而傳神。郝浴在〈塔碑銘〉記述他與剩人和尚詳談佛法有兩
次。一為甲午（1654）九月，被放尚陽，來到瀋陽時見師於
高麗館：

> 海口鐘發，眸子電爛一接，談徹三晝夜。粹白灑灑，
> 不聞隻字落禪。浴竊歎，梅嶺南曲江丰度久墮堂簾，
> 曹溪法雨誰霑世界。[104]

談三晝夜，郝浴感動讚嘆的是曹溪法雨。「眸子電爛一接」，
描述了剩師（函可）說法之生動精彩，而郝浴的遣詞又是如
此的靈巧傳神！

另一次詳談是丁酉（順治十四年，1657）冬，郝浴來南塔：

> 一燈相對，語洞、濟二家之奧，皓月江翻，霜鋒電掃。
> 因極贊壽昌，暗藏春色，明露秋光之語，以為知言。

---

103 同註 91。
104 同上。

復曰：趨閃回互，恰卻現前，未易為君描畫矣。[105]

「江翻」，「電掃」，極顯了剩師之善於說法，及聽者的感動。「暗藏春色，明露秋光」，又是對佛法的讚嘆。郝浴與剩人和尚是如此的契合。從此兩則來看，剩人和尚說法很精妙。郝浴在〈塔碑銘〉喻之為「空明微妙」。總之就是能感動眾人。

剩人和尚極急於在塞外擴大弘揚禪宗，曾與書函昰和尚，希望他能遣弟子來瀋陽裏助弘教，可惜不久後即圓寂。[106]

以上是函可（剩人）和尚入瀋陽後，三個階段的心情轉折經過。從適應環境，獨自悲傷到悲憤不可抑的仰天長號，而最後又安於現實，藉詩歌寄托情懷，在無盡的沉吟中。他始終堅守奉行著自己的宗旨，創造生命中的第二個春天，他是明遺民裡能在悲傷中努力奮發順應環境、積極又不屈志的一例。

函可（剩人）和尚具有異於一般遺民僧之處，即從他的詩篇中可見，就是他對家國愛的表現是由內而外，積極的不斷的向外傳遞。他並不是抱住一顆愛國心而遁隱山林，鬱鬱而終，他是具有超人的韌力與意志。即如：傳遞的方式是全面的，傳諸口、托之詩歌，更以身作則，身體力行。總之，他是一個積極、陽光、從不放棄的人。

---

105 同上。

106 函昰〈塔銘〉：「嘗有書抵余，曰：『門下龍象如雲，若得專人一來，使某得盡其夾輔之力，則曹源一滴長潤塞下』。噫！余於此知師為法求人之切，豈無所見，顧再易裘葛耳」。〈寄麗和尚〉：「人天翹首嶺雲空，又向匡廬覓舊叢。杖底瀑飛三百丈，好攜一滴灑遼東。」《千山詩集》，卷16，頁集144-576。

　　綜合而言，函可（剩人）和尚流放後的表現、作為，改變了人們對遺民生活方式的呆板印象；他對瀋陽地區早期的文教作出了貢獻；在瀋陽建立禪宗的宗教信仰；大量創作別具特色之詩歌，不但昭示了詩歌的實用價值、療癒價值、更創造獨特的詩風，為清初詩歌的發展注入新元素。由此可見，從函可（剩人）和尚和他的詩，在明末清初遺民與文學史中扮演了重要的角色，可以說獨具風格、與眾不同之處！

第五章　函可和尙的思想

第一節　以忠孝爲本

　　函可（剩人）和尙出身於仕宦家庭，受傳統以儒家思想爲主的教育，有感於末世混亂，最後出家探求人生義意。所以思想的根本源於儒家家思想爲主的傳統思想。講忠講孝、愛國仁民的思想，而最終以仁爲依歸。

　　他自言出家之後，發現佛家道理其實最終還是在行仁。佛家要達到仁的目標，要建立人際關係始能推行仁，不能只是遁隱山林，所以佛家是入世的。正因如此，儒、佛是殊途同歸。

　　中國傳統主張忠、孝等諸德，是晉至仁的基礎。

　　講忠、孝，修德行，已經是國人所認同，是天經地義的道理。做人的道理講得更精采只能說讓人信服。剩人和尙弘法主張忠、孝，從儒家基礎切入佛家道理，使儒、佛之理相融，使人感到貫通，使只重現實的儒家道理得以延伸。可能這就是其傳教說道具魅力之所在。那麼要說剩人和尙是儒或是佛，都是強下標籤，丁澎、郝浴對他傳教的讚嘆，及丁澎說他傳教有「微言妙緒，洗悟曠俗」的功力，這種功力又怎

麼只是一個儒者所能辦到。

在儒佛思想的薰陶，加上個人的際遇，讓他體悟到人生的無常。人們往往遇到身不由己的事，剩人和尚稱之為「西來意」。因此他常常鼓勵別人，把握當下，才能人生無悔。茲詳述如下：

剩師本身是一個主張忠、孝的人。主張忠孝的精神鮮明，又身體力行。顧夢遊在《千山詩集》〈序〉中，極推讚他的忠孝行為。他在出家之後，國變的悲憤、南京被下時的激慟等。這些心情都呈現於詩歌中，顧夢遊又說：

　　讀大師詩而知忠孝之言，身教也。[1]
則剩師之講忠孝，是內外一致，身體力行的。

北里樵人（左懋泰）說：

　　（函可和尚）以忠孝激烈之性，沉涵于性海。[2]
從剩師（函可）的行事表現，「忠孝激烈之性」是他的真性情。明言他具有忠孝思想外更具激烈本性，故此才有服縞練衣，號召時不可失的激動與〈再變記〉之作。木齋〈序〉說：

　　早年離俗塵緣悉捐，而語及罔極之恩，兄弟友朋之

　　誼，未嘗不感激流涕，悽惻纏綿，而不能自巳也。[3]
是情動於中而表於外的直情。

丁澎謂：

　　…師奔喪過南陽，撫棺一慟，嘔血數升。…
又云：

---

1 函可《千山詩集》，顧〈序〉。
2 函可《剩人和尚語錄》，北里〈序〉。
3 同上，木齋〈序〉。

> …金陵初下，諸朝士薦紳，閨戶匿不出，師服縞衣持
> 拄杖，痛哭其門，大呼：『志不可降！不可失！』，
> 聞而感激殉節者十數人，師咸作為詩歌以弔之。…[4]

父喪時之嘔血，情不能表之外的重創。金陵初下之激憤舉動，正乎合北里先生所說其「忠孝激烈之性」。

據此則剩人和尙本具忠孝，剛直的本性。而這些主張因淵源於儒，正如丁澎稱其「獨有合於孔子」的原因。[5]

顧夢遊與函可一見如故，函可在金陵期間曾住在顧家，函可遇難夢遊亦被牽連，對函可案應最瞭解。[6]剩師放瀋十年（順治 14 年，1657），今羞、今何編剩詩三卷刻之，顧夢遊作序。於《千山詩集》〈序〉中嘗說：

> 余嘗疑之，大師泡視生死，于諸死事絡索不休，乃及
> 於難。[7]

剩師是不重視個人死活的人。如前面所說振臂高呼，號召忠義，是本諸忠、孝愛國的行爲。他卻好記他人死事，關心別人的死。這是他所重視的是別人死的原因，是重視別人爲忠孝而死，讚揚忠孝的行爲。

重名教，所以扶綱常。顧夢遊最後自己歸結出一個答案，儒、佛都共同的重視忠、孝。亦如剩人和尙嘗說：「佛教，

---

4 丁澎《扶荔堂文集》卷 12，〈普濟剩師塔碑銘〉收入《回族典藏全書》，
　182-183 冊，蘭州市：甘肅文化，2008。頁 57-64。
5 同上。
6 顧與治《顧與治詩》，周亮工〈序〉：「剩公之及於難也，禍且不測，與
　治左右之不稍避，卒與之俱全」。收入《四庫禁燬書目叢書》，集部，冊
　51。北京市：北京出版社，2000。頁集 51-289。
7 函可《千山詩集》，顧〈序〉。

人倫也」[8]的原故。顧氏說：

> 既用鐵石心棄堂上，佛以下決意事，佛家信遙傳情動
> 乃爾。成佛人上報父母，有蓮花座。在萬里十年，文
> 負是責，皆理之不可解也。是不然世界、法界，忠孝
> 所植，諸佛祖與帝王實共持之。[9]

只有明白這一點，才理解剩師為何出家後仍主張忠孝、為何出家後仍表現入世的行為。

因為重視孝行，所以他在《千山詩集》中，特別推崇戴三的孝行，可見他始終堅持忠、孝的主張。有關戴三，見第肆章三之（一）：2。

第二節　儒、佛共通，都在於履行仁

剩人和尚極力於辯說儒、佛同歸都在於履行仁，一方面是入清後有很多明遺民有託而逃，或冠以「捨儒入佛」。他明示了自己盛世出家，為求所以推行仁的道理。他剖析儒、佛雖然表面不同，但都在推行仁。儘管同在佛家裡也各有不同的修行法，有人遁入山林、有人親近世俗，目標都一樣，只是各行方便。所以沒有「捨儒」的問題，無論是儒、是佛都是去實現「仁」這個最高目標。其理由如下：

---

8 函可《剩人和尚語錄》，北里〈序〉。
9 同上。

一、儒、佛共通的道理是仁

丁澎〈普濟剩師塔碑銘〉中謂：

> 師統論三教源流，迴出精旨。嘗言：古聖人因宜設教，
> 不必盡同，要皆以一心致用。昧者於同中見其異，明
> 者不妨於異中見其同。[10]

從這段剩人和尚的引言中，可見他是主張客觀看問題，多方去設想的人。他認為聖人設教無定法，不能僵化的單從表面看結果，應該從不同的角度去尋找真相。才能「異中見其同」，發現「殊途同歸」的道理。

儒家的最高道德標準是仁，佛教的慈悲亦不外乎愛人，是仁的行為。所以儒、佛的道理都在履行仁。

剩人和尚自說其領悟儒、佛道理殊途同歸的經過：

> 憶罪禿未薙髮前，曾於孔門諸子問仁處，發大疑情，
> 累日不食，既而恍然有會於仁也。既而詳閱儒語錄，
> 益確然於所謂仁也。迨出家，遍參歷諸甘苦，卒無異
> 於昔之所謂仁。無加於昔之所謂仁，而愈了然於無非
> 仁也。皇天無二道，聖人無兩心，何止六經皆仁註腳，
> 三藏十二部亦仁註腳也。何也？[11]

其自述自己出家時對仁的疑惑，經四方求問似若有所懂。及至出家以後，經歷種種世事人生遭遇，發現佛家宗旨不外乎儒家所謂仁。他更豁然貫通地說：六經、三藏十二部，都是

---

10 同註 4。
11 《剩人和尚語錄》〈答李居士書〉。香港：金強印務，1970。頁 353-354。

仁的註腳。

> 非此則斷斷不可謂是人，非此則斷斷無別有可以為人
> 之道。苟知所以為人，則知所以為儒，與所以為佛。
> 儒、佛異而所以為人則同也。[12]

他肯定的說，做人的道理就是履行仁。

又說：

> 既知其所以同，而正不必強異以為同。故讀至真儒必
> 不為佛，真佛必不為儒。[13]

再進一步推論出，仁是最高的目標，不必計較是儒或是佛。

這是剩人和尚出家後領悟儒家仁的道理。既然儒、佛最終道理同，自然不必去分辨其差異，它們只是殊途同歸。所以得出「真儒必不為佛，真佛必不為儒」。

又云：

> 慈必無緣，其慈乃廣。教必無意，其教乃神。祇如孔
> 氏席不暇暖，為時木鐸，亦以其毋意、毋必、毋故、
> 毋我。設有纖微身心之累、嗜慾之情，又烏能法天下
> 師，百代為仁之至，而義之盡耶！我佛教雖不言仁、
> 義，然而與子言必止於孝，與臣言必止於忠，未嘗壞
> 世間相，而談實相。[14]

剩人和尚在此將儒與佛的關係拉近。佛家不言仁、義，但教人忠、孝。這也是進入仁的路途。忠、孝也是儒家的基本修養。佛家並未有破壞民間的傳統，因此達到一個涵意，儒家、

---

12 同上。
13 同上。
14 同上。

佛家並非對立的。於是順利渡入下文，反駁排佛的議論是不對。

二、佛家是入世、無私

佛家的宗旨是渡眾。眾，是一切的人，所以無私。不入世則無以渡人、行仁。他說：「仁者，人也。非人外別有所謂仁」。仁，既是人與人的關係，脫離人群就無法行仁。所以佛家是入世、無私。

剩人和尚舉例二乘阿羅漢，自謙不能發菩提心，為「焦芽敗種」。[15]說明佛道是自利、利他、自他等利。所謂「功成德備」，是自私自利的說法。世人又誤以為佛家所謂慈悲，為無緣、無意。剩人和尚說，其實慈要無緣，其慈乃廣、教要無意，其教乃神。於是舉例孔子亦以毋意、毋必、毋故、毋我，作為教化，就是這個道理。和尚自謂自己設教之初並無定旨，至於捨身為物，則為無緣的慈悲。所謂無緣、無意，應是不設特定對象、沒有要求回報之意。能在這樣的情況下行仁，施澤更為寬廣。

三、出家人更方便於履行仁

剩人和尚認為出家人更有利於推行仁。他反駁李居士認為出家人身心之累輕，嗜慾之情絕，不能行仁的說法。這是和尚到瀋陽後七年所寫〈答李居士書〉中說：

---

15 見《維摩詰經》〈不思議品第六〉。又《首楞嚴經指掌疏事義》〈懸示〉中〈敗種〉條、卷3，〈焦芽敗種〉條。見《卍新纂續藏經》Vol. 16, No. 309 中華電子佛典協會（CBETA）http://www.cbeta.org

罪禿以為，事君不能致其身、事親不能竭其力者，身
心之累重也。不能立己以立人、不能達己以達人者，
嗜慾之情深也。必嗜慾之情絕，而後立達之機瑩。必
身心之累輕，而後君父之念重。至謂功成德備，不過
一自私自利之人。則誠知佛之權，而不知佛之實。泥
佛之跡，而未明佛之心也。謂佛慈為無緣，則誠無緣
也。謂佛教為無意，則誠無意也。說法四十九年，談
經三百餘會，皆應機設教。初無定旨，至其歷劫捨身
為物，則無緣之慈也。[16]

剩人和尚所持的理由：

1.一個身心累重的人，事君不能致其身，事親不能致其力。

2.一個嗜慾情深的人，不能立己立人，達己達人。

所以身心累要輕，嗜慾情要絕，才能無私地全心投入為
公。剩人和尚的說法正回答了有人認為，佛家既主「空」，
又說「渡人」，是矛盾的講法。他認為「**身心之累輕，嗜慾
之情絕**」，正因如此，人在無私之後才能盡力為公。

依剩人和尚說，佛家人更能了無掛礙的全力推行仁。

他又列舉經典、名人，說明佛家是主忠孝、入世、推行仁。

《寶藏論》云：寂兮、寥兮、寬兮、廓兮，上則有君，
下則有臣，父子親其居，尊卑異其位。

《華嚴經》云：佛法、世法，若見其真實，一切無差別。
又言：菩薩摩訶薩以無障、無礙智慧，信一切世間境
界是如來境界。

---

16 同上。

所以，古道德入得世間，出世無餘。必欲強入世而同出
世者，錯也。竟欲歧出世而謂不可入世者，尤錯也。[17]

《寶藏論》云：「上則有君，下則有臣，父子親其居，尊卑
異其位。」全是傳統所說君臣父子的倫常。《華嚴經》所說，
則佛法、世法，無差別，佛家是入世的。

慧遠法師云：釋氏之化，無所不可，適道固自教源，
濟俗亦為要務。世主若能剪其訛偽，獎其驗實，與皇
之政並行，四海幽顯協力，共敦黎庶，何成湯文景獨
可，奇哉！使周漢之初，復兼此化頌作刑清倍當速耳。

□大士與梁武書則云：以持身為本，治國為宗。
裴休《論宗密禪師》云：忠、孝不並化，荷擔不勝任，
吾師恥之。

是故親師之法，有退而奉父母，以豐供養為行者；有
出而修政理以救疾苦為道者。[18]

剩人（函可）和尚舉例裴休《論宗密禪師》所說，以證明佛
家一向主張忠、孝。

妙喜老人曰：余雖學佛者，然愛君憂國之心與忠義士
大夫等，喜正惡邪之志與生俱生。永嘉所謂，假使鐵
輪頂上旋，定慧□明終不失。

又云：

學不至，不是學。學至而用不得，不是學。學不能化

---

17 同上。
18 同上。

> 物，不是學。學到轍頭，文亦在其中，武亦在其中，
> 事亦在其中，理亦在其中，忠、義、孝道，乃治身、
> 治人，安國、安邦之術，無有不在其中者。[19]

妙喜老人坦言「愛君憂國之心與忠義士大夫等」，這正是剩
人和尚推崇的典型。主張學、用、化，以治身、治人，安國、
安邦。

妙喜老人即大慧杲禪師，字曇晦。別號妙喜。著全錄
八十卷入於《大藏》。

又與竹菴等著《禪林寶訓》。[20]

> 釋迦老子云：常在於其中，經行及坐臥便是者個消息
> 也。未有忠於君，而不孝於親者。亦未有孝於親，而
> 不忠於君者。但聖人所讚者，依而行之，聖人所訶者，
> 不敢違犯，則於忠、於孝、於事、於理，治身、治人，
> 無不周旋，無不明了。

> 如上所舉，皆學佛者之言也。若盡方等所載，有資世
> 教之言，與歷代帝王暨諸賢哲著論所為陰翊王度者，
> 固不可勝述。若其執佛之權與佛之跡，有似獨善其
> 身，論其實與心，則不止於兼善天下。二乘阿羅漢雖
> 得六通，而不能發菩提心，佛訶之謂是「焦芽敗種」。
> 又何嘗將以自利、自私而稱之為功成德備耶！又何嘗
> 將出世、入世，打作兩橛耶！故謂其專守真常，恪持

---

19 同上。

20 《卍新纂續藏經》第 79 冊，No. 1562，《南宋元明禪林僧寶傳》卷三。
佛子天空　藏經閣 http://www.buddhason.org/tripitaka/index.php

儀範是也。謂其盡絕外務，則又非也。

《金剛經》云：如來說一切法，皆是佛法。

《維摩經偈》云：經書、咒禁、術工巧、諸技藝盡現，行此事，饒益諸群生。

要之，吾佛之道，自利、利他、自他等利，正所謂仁也。[21]

剩人和尚把佛家道理總結說：「自利、利他、自他等利，正所謂仁也。」與儒家主張的仁，仁者愛人，達己達人，立己立人，可說是殊途同歸。

四、人的責任在於履行仁

剩人（函可）和尚說，其實欲是不能斷絕，他是履行仁的動力。

知道這個道理，（寡欲才能行仁）這也是他與同樣是盛世出家的茆公等出家的原因。[22]

他在〈答李居士書〉中說：

---

21 《剩人和尚語錄》〈答李居士書〉。香港：金強印務，1970。頁 353-354。
22 張二果，字稚複，號茆公，又號弘晤，東莞人。正直慈良，穎悟傑出，參究性命之學。十四歲遊邑伴，十七歲中鄉試乙榜，禦史田生金特獎異之。天啓七年丁卯（1627）舉鄉薦，見魏擋排陷正人，愛時憫世，不求仕達。與蘇觀生、陳學佺、曾起莘為方外遊。《南天痕》卷 11，列傳 17。南方都市報
http://gcontent.oeeee.com/8/44/84438b7aae55a063/Blog/eec/4c0d4e.html
2010-04-15:東莞氏志版，劉在富、鄭子龍《東莞張氏》。

> 欲學為仁，必去其所以害仁者。仁之害，嗜慾是也。
> 孔子曰：我未見好仁者。又曰：我未見好德如好色者
> 也。又曰：吾未見剛者。或對曰：申棖子。曰：棖也
> 慾，焉得剛。故知理欲必不並行，去一分欲，則成一
> 分仁。欲盡而仁乃至也。

他認為嗜欲是履行仁的一大障礙，但欲盡而仁已至，也不必
談如何履行仁。

> 然仁是何體？欲自何生？苟知其所生，則欲即仁也。
> 故曰：我欲仁，斯仁至矣。仁至則無欲矣。故欲絕、
> 欲斷，未有能絕欲者也。情愈遏則愈生，苟知欲之即
> 仁。則雖欲絕之而已，無可絕也。

從「欲仁則仁至」，得出「仁至則無欲」。因此若要行仁，
不能欲絕、欲斷。

> 無可絕而後純乎仁，純乎仁則并無仁之可名。而又何
> 身心之可累乎！必如此而後可以事親，必如此而後可
> 以事君，必如此而後可以立己而立人，達己而達人，
> 會天地萬物為一己。而後能推一己以及天地萬物。夫
> 是之謂仁。夫是謂之人。

他認為欲寡才能立人、達人，與天地萬物為一。能到此境界
才是仁，才是盡人的責任。

> 罪禿昔與苅公應中諸同志，當太平無事之日，惄惄於
> 現比丘身者，誠見斯道，不絕如線。[23]

最後剩人和尚說明自己出家的目的，就是為了探求行仁之道。

---

23 以上四則均見於〈答李居士書〉。

　　總之，寡欲才能專心行仁。所以說：「**去一分欲，則成一分仁**」。「**欲絕、欲斷**」根本就已純乎仁。當已經純乎仁的時候，則連仁之名都沒有，何必行仁。

　　他認為寡欲是中庸之道，才會無私的會天地萬物為一已，推一已以及天地萬物。

　　人的最高目標是達到仁。終其一生在履行仁。所以他又說：「**夫是之謂仁。夫是謂之人**」。

　　分析起來，佛家道理不外乎講做人的道理，於是又回應了他嘗說的佛家是人倫的主張，又印證佛家、儒家宗旨是相同。[24]

　　因此，一個儒者選擇方便之路去推行仁是為人的責任。

第三節　物即知

　　函可和尚年青時，正值魏黨當權，其父文恪公嘗誡諸子，讀書以明道見性為本。據丁澎〈塔碑銘〉說，他對於書，無所不讀，多探索奧義，尤喜陸子靜（九淵）之書。他於〈答李居士書〉中，自說少時，向儒者探求仁的道理，竟至累日不食，似有所悟。再經詳閱儒者語錄，認為自己已瞭解仁。及出家之後，更有進境，深切體悟仁的道理。從他的自述求學經過正與丁澎所記相合。函可和尚不全是有所逃而出家，是尋求人生道理為主，出家後他更深切體悟仁的道理。

---

24 剩人和尚說：「佛教，人倫也」。見《剩人和尚語錄》，北里樵人〈序〉。

丁澎又說，其與左懋泰談論格致之義，主張「物即知」
之說：

物即知。故無知外之物；知即物，故無物外之知。[25]
陸九淵是重視持敬的內省，反對「格物致知」。剩人（函可）
和尚認為「無物外之知」、「無知外之物」主張「物即知」。
於宋明理學他推崇周茂叔、程明道、陸象山、楊慈湖輩，明
之儒者他推崇王陽明、王龍溪、羅近溪等，並說人人盡如以
上人物，則佛法可以不講。他反對伊川、晦菴，認為他們是
學為仁而未純乎仁。[26]

第四節　三教同源

剩人和尚說教，融匯三家精旨，丁澎〈普濟剩師塔碑銘〉
中謂：「師統論三教源流，迥出精旨。」，他建議從「異中
求其同」。去發現其同通之處。見於本章第二節引文。

總結人對儒、佛錯誤的認知，他舉例如《淨名（經）》
說，佛以一音傳佛，眾生隨類各有所得。所以一切端在於人
的信念，不在於法。佛教親師之法不一，有人主張退而奉父
母，以豐供養為修行；有人主張出而修政理，以救疾苦為修
行。雖然表現之於外的行為不一樣，但他們的目標都是在修
行，也就是殊途同歸。

剩人（函可）和尚曾構想將易、中庸、楞嚴、道德四經

---

25 丁澎《扶荔堂文集》卷12，〈普濟剩師塔碑銘〉。
26 見註23。

合釋，以會通三教之宗旨，惜未能達成。[27]

第五節　西來意

剩人和尚對人生的無常，稱之爲「西來意」。

被放後，剩人和尚感悟到一切事情的發生，都有天意，所謂萬事不由人。他嘗繞佛塔而行，見風吹塔鈴鳴而有所感。因而慨歎人生世事亦一樣，身不由己。身不由己，和尚稱之爲「不經意」。人生中，表面看來是不經意而發生的事，其實都由於「西來意」。和尚所說「西來意」，即天意。是不知其然而然的事或行爲。所以人世事，萬事不由人意，都有天意。因此，勉勵弟子，若有欲爲，就要及時努力，莫等「不經意」的到來。他在四十七歲時所寫《千山詩集》〈自序〉中說：

> 向見吾里張孟奇先生七十後，文字多不經意，竊謂英雄欺人。余今歲望七十尚二十又三，然備歷刑苦，鬚白齒落，耳聾目瞆，一切不能經意。重陽後於金塔盡遣諸子，每自佇立，明月在天，寒風習習，輒不自禁，繞塔高歌，正如風吹鈴鳴塔，又何嘗經意耶！因語二三知我，及時努力，毋俟一切不能經意，更有百倍切於文字者，尤不得不蚤自經意也。[28]

人生的際遇，有時是不能經意，這是他從其人生中體悟而得。

---

27 同上。
28 詩集〈自序〉。

人的思想行為，看起來有前後互異，也是一種「不經意」
的改變。和尚又認為一切「不經意」的事，都出於「西來意」，
並以自己遭遇為例說明。他在臨終時對眾人嘆說：

> 釋兒知西來意乎？追念吾在家時，曾刺臂書經以報
> 父，及出家而慈母背，反立解條衣，披麻泣血以葬之，
> 豈愚敢先後互左而行怪？顧創巨痛深，皆不知其然而
> 然也，是西來意也。[29]

所謂「創巨痛深，皆不知其然而然」，是指遭逢非常的變化，
激發出心底的真情表現。

又說：

> 丙戌（1646）歲，本以友故出嶺，將掛錫靈谷，不自
> 意方外臣少識忌諱，遂坐文字有瀋陽之役，是亦不知
> 其然而然也，是西來意也。[30]

自己遭受犯文字之獄，是始料未及的事，這也是「不經意」，
是「西來意」。以此看「西來意」就是我們所謂天意。

剩人和尚是儒？還是釋？

丁澎謂剩人（函可）和尚：

> 師為人傲岸朗達，不好鉤奇，務崇實行，事親孝，比
> 事義，粥粥乎若士。惟魯國儒服者，眾眾皆謂之儒。
> 立而問之，一人而已。師雖易縫掖而緇之，能以微言
> 妙緒，洗悟矇俗，豈獨竺乾之曾閱矣哉！[31]

他所講是儒家人倫道理，很像儒者，但他有「微言妙緒，洗

---

29 郝浴〈塔碑銘〉。
30 同上。
31 丁澎〈普濟剩師塔碑銘〉。

悟曠俗」的能力，又不止是儒者所能辦到？他是儒、釋融通
而近於儒。他又說：

> 折衷條貫，妙有神契，其發主敬訓歸仁，獨有合於孔
> 子。[32]

剩人和尙從少受儒家思想薰陶，可說淵源於儒，尤愛奧義。
人生的遭遇，讓他極欲探求人生哲理。佛家講的人生、無常
道理從他的人生遭遇中得以認證。佛理補充了儒家只重現實
以外的空白。他能並兼以融通，不能論斷他是儒？佛？他是
一個人。這也是他傳道具魅力的原因。

　　函可（剩人）和尙從儒入佛，堅持行仁。以忠、孝爲基
本修養，切入佛家道理，讓人既能保有傳統文化思想又能找
到精神寄托，由於更能接近人，又易爲人所接受，這是其傳
道成功的主要原因。他先說明儒、佛的道理都在於行仁。出
家人因無私的關係，所以更方便於推行仁。人生的意義在於
行仁，人生無常（西來意），所以要及時行之。

　　函可剩人和尙主張的三教同源，殊途同歸，雖非獨創，[33]
但是他努力推行，更想將易、中庸、楞嚴、道德四經合釋，
以會通三教之宗旨，雖天不假年，但他致力於會通三教的用
心是可以昭見。

---

32 同上。
33 林義正〈儒佛會通方法研議〉《佛學研究中心學報》第七期（2002.07）
　　頁 185-211，臺北市國立臺灣大學文學院佛學研究中心。

第六章　函可和尙與他的詩

第一節　函可和尚詩之風格

　　滿清的統治讓傳統中國文化與珠江流域文化加速融合，使中國境內南北文化徹底的匯通。函可（剩人）和尙是明遺民，是一位嶺南詩人，探討函可剩人和尙的詩歌，除瞭解該詩人的思想、詩風，更可以認識清初文學史中，明遺民文學這個新生文學之特色，它豐富了清初文化的內涵。函可和尙被放瀋陽，使南方詩風、宗教、思想文化加速拓殖於北土。

　　明遺民詩人借詩歌抒情托志，大量的創作，帶動詩歌的振興。這類作品往往在懷古傷今憶念故國、感傷家散人亡的悲愴外，往往放眼天下，關懷同屬故國同胞的遺民生活，充分表現出悲天憫人的情懷及以天下爲己任的傳統精神。他們終其一生的堅持態度，又是宋明以來理學理論的實踐行爲。使理學的發展得以大成。這種在災難中顯示的文學與精神，足具人類獨有的高格調精神文明，彌足珍貴。函可（剩人）和尙是眾多明遺民詩人中具有獨特詩風又能堅持操守的詩人之一。

　　本章主要探討剩人和尙的詩歌。《千山詩集》20卷，除

第 20 卷爲〈冰天社詩〉外，另〈補遺〉詩 31 首，爲滯留金陵時作，1-19 卷，共有詩歌一千五百多首，少數是初到南京時所作，大都爲流放後所寫。函可剩人和尚的詩，多以生活爲題材，淺白、口語，可分爲兩大類：即 1、生活化實用性高的詩，2、重於抒情的血化詩。

一、生活化實用性高的詩

這類詩歌固然離不開抒情、記事，與日常生活息息相關，而且實用性高。函可和尚喜用詩歌作爲生活中溝通的言語，如：說理、教諭、抒懷、托志等。也因爲如此，他的詩才會與他的人生際遇產生不可分割的關係，且有環環相扣的影響。

先說明其生活化，實用性高的詩：

（一）用以記事

函可和尚活用詩歌，有如生活中不可少之溝通工具。他喜以詩記事，隨見隨寫，猶如即興的拍攝。以發放瀋陽時，一路所寫的詩〈初釋別同難諸子〉、〈初發〉、〈至永平〉、〈宿山海關〉、〈初至瀋陽〉、〈初入慈恩寺〉等六首詩爲例，[1] 即明述他去瀋陽一路上的所見、所思，這是他在生活中活用詩歌記事之一例。茲說明如下：

〈初釋別同難諸子〉

終歲愁連苦，生離且莫哀。問人顏尚在，見影意猶猜。

---

1 以上各詩見《千山詩集》卷 6，頁集 144-496。

佛道千秋重，湯仁一面開。明知予未死，好去勿徘徊。
按《年譜》說，剩和尚於順治五年（1648）四月二十八日入
瀋。詩中他要大家莫哀，且仔細吩咐同難諸子，若有人問及
他，就說「顏尚在」。既然知道他未死，「好去勿徘徊」。
他臨別的心情複雜，一方面慶幸不死；一方面又對生離的不
捨。這一切都顯示於他對子弟叮嚀又叮嚀的情節描述中，寫
來生動、感人。

〈初發〉

馬上催行急，歡生復自嗟。身輕曾似葉，淚落正如麻。
計日邊城近，傷心故國賒。幸餘穿布衲，猶可耐風沙。

初出發之際，「歡生復自嗟」是延續前詩複雜之心情，愈走
愈接近邊疆，不捨之情更緊張，「計日邊城近，傷心故國賒」。
「計日」，盡寫他快要離別國土的不捨、珍惜。最後道出國
土愈遠，風沙愈近，已感受到寒意漸侵。

〈至永平〉舊孤竹國

去國剛三日，明朝欲到關。故人從此盡，禿鬢自今斑。
馬恨如風疾，心拚似石頑。低頭思二士，一望首陽山。

歷經三天，來到屬於舊孤竹國的永平。想到明天出關後，真
的「故人從此盡」。不捨與感慨、悲淒交雜。突然詩人的思
緒從低沉中起來，「馬恨如風疾，心拚似石頑。他堅定表示
自己今後的方向是「低頭思二士，一望首陽山」。寫馬，也
是寫自己，恨如風疾，心似石頑。「思二士」、「首陽山」，

表示了堅決的意志，流放倒好讓自己隱居世外，以二士爲榜樣。至此，他的心情從最初的低沉、悲怨中堅強起來，突然猛起，終於誓志效法二士（伯夷，叔齊）。此詩寫出詩人在不可逆轉的環境中，只好接受環境，以效法二士爲他今後的生活方式。寫了他由悲怨到誓志的心情轉折。

〈宿山海關〉

重關猶未度，破衲早生寒。大海依然險，危巒空自攢。
鄉書萬里絕，鼓角五更酸。敢望能生人，回頭仔細看。

來到山海關，雖然才五月，已感寒意，寒冬將是如何？有「敢望能生人？」的感嘆！無論怎樣的堅強，也難捨這恐怕是一別成永別的國土，更想到在國土的另一端，更遠處的家鄉，所以只有不捨的「回頭仔細看」。無奈而沉痛，情景互現，讀詩至此，彷彿浮現出一個頻頻回首，依依不捨的逐臣影像。

〈初至瀋陽〉

開眼見城郭，人言是舊都。牛車仍雜沓，人屋半荒蕪。
幸有千家在，何妨一缽孤。但令舒杖屨，到此亦良圖。

來到瀋陽，第一眼看到的景像，從城郭、它的歷史、進城後之牛車、半荒廢的民屋，千家人家，讓人也隨着詩人的筆觸進入了城。既然有人家，亦足以托缽了，只能這樣安慰自己。詩中看到、聽到、想到，從城外到城內，讓人有親臨其境的感覺。

〈初入慈恩寺〉

　　幸無牛馬後，仍許見浮屠。禮佛歡如舊，逢僧笑盡呼。

　　膏粱恣嗽嚼，土榻任跏趺。半晌低頭想，依然得故吾。

終於入住慈恩寺，似乎也沒多大改變，舉頭看的是浮屠，禮
的也是佛，寺僧間的招呼，吃的、打坐的都不外乎如此，至
此他有一種依然故我的獨醒，而又不受世事干擾的初衷心志。

　　這一組六首詩，從記實、寫情，到述志，到顯露心跡的
難捨，終至把詩中人物躍現出來，成爲情景交融的真實記錄。
函可和尙以詩記錄被發送瀋陽經過有如寫日記，仔細記錄每
經一地的心情。從這些詩中可以瞭解他一路上的心情轉折。
詩人以真摯感情、坦率文辭，通過情景相融的記錄，完整呈
現到瀋陽的經過，並誓述其志。在情、景、志交融下，活寫
出一個具有個性的函可和尙形像。

　　函可和尙以詩歌融入生活，使詩歌成爲記錄日常生活的
文字。是詩歌生活化又真實的典型。瞭解他利用詩歌的習性，
就不難想見他爲何會用詩記史實。他忠於國家、忠於史實的
記錄，冰鬼甚至稱他是宗門中之董狐。[2]

（二）寓教於詩

　　函可和尙在日常生活中擅用詩歌代言，也以詩歌訓示弟
子。如《千山詩集》，卷 3 中之，〈示學人三十首〉[3]：

　　見人學恭敬。

又說：

---

2 《千山詩集》卷 20〈冰天社詩〉，頁 14。冰鬼是冰天詩社的社員。
3 《千山詩集》卷 3，集 144-474。

　　言亦不可甚，行亦不可極。

又云：

　　入世無強同，入世無強異。

又說：

　　我從物則奴，物從我則主。

又說：

　　丈夫貴立志

《千山詩集》，卷4，〈示諸子〉詩云：

　　古聖喻為山，進止存一簣。勿以將成墮，勿以初心委。

　　勿以愚自甘，勿以智自廢。人世何足云，死生事逈大。

　　若不早自決，後來誰汝代。[4]

似乎此時的詩人突然變成嚴肅的老師，從待人、言行、態度、
立志等立身要求，無一遺漏的敦敦教悔。

　　綜合以上各詩，除了發現函可和尚之活用詩歌外，並可
見其對為人修養方面的主張。他認為人貴立志，處事恭敬、
客觀、尊重他人，所謂「無強同」即此意。所謂「不可甚，
不可極」，主張言行要留有餘地。此外教人要寡欲，不可為
物所役。所以說：「我從物則奴，物從我則主。」。

　　〈示諸子〉詩，進一步勉勵諸子要持之以恆，所謂「進
止存一簣」，鼓勵弟子不要初心委、愚自甘、智自廢。他主
張坐言起行，所以勉諸子要「早自決」。這又正因他認為人
生充滿「西來意」、一切事都「不經意」、就如「風吹鈴鳴
塔」[5]的道理是一致。所謂「蚤（早）自經意」，與「早自決」

是一樣的，可見他是極重視立志、履行的人。他的主張在其《詩集》中隨處可見，都顯示出他是一個有主張、行事貫徹到底的人。

上文如嚴師訓道，下文又似慈父的呵責。

在〈示非浴〉中說：

殷勤莫負好春暉[6]

質樸的詩句中，嚴厲而帶有慈愛。

然詩中亦偶有嚴厲的斥責口吻，如卷二十的〈示蘊珠〉云：

年少如何學懶殘[7]

「懶殘」，既口語又能表示了懶的程度，傳神又鮮見。

函可和尚是詩人，訓示弟子，時而如嚴師，時而如慈父，主張貫徹而融入生活，一皆以詩來表達。詩，在函可（剩人）和尚生活中已成不可缺的溝通工具。

（三）以詩代札

「以詩代札」是剩人和尚詩集中常見的實用詩。如〈寄陳公路若〉詩有引云：「...因便鴻詩以代札」，[8]則已明言該詩的作用。這類實用性的詩很多，如：〈從千山攜龍牙回約諸子同噉〉云：

願言噉雪人，共領山中意。[9]

6　《千山詩集》卷20，〈示非浴〉，頁17。
7　同上，卷20，〈示蘊珠〉，頁12。
8　《千山詩集》卷12，頁543。
9　同上，卷4。

以詩邀約。

〈寄答日廬諸子〉：

書來知汝未曾離…[10]

以詩代信。

〈起西以長篇寄訊答此短章〉：

白門風雨讀僧詩，夜半鐘聲動遠思。布袋裝來千斛淚，報君欲語已無辭。[11]

詩以代信又一例。

〈寄答智師弟〉云：

世事未知師已老，報君三字莫輕離。[12]

從以上邀約、回信等，都用詩來代替，故詩代札不但在該時期興盛，而且成為文人間普遍使用之「應用文」。

（四）戲寫詩歌

這一類詩歌顯示了函可（剩人）和尚是同時具有浪漫、天真、活潑的真本性。如其〈招冰鬼〉詩中：

白水青波是舊身，夜深惟許爾相親。[13]

「爾」，是指冰雪，但文字間透露出詩人出身顯然來自有情世界。

從他所寫的戲謔詩中，表現出他具天真、頑皮的本性。

其〈戲似阿字〉云：

---

10 同上，卷 16。

11 同上，卷 16。頁 581。

12 同上，卷 12。頁 544。

13 同上，卷 20〈冰天社詩〉，頁 17。

只將匡嶽紙三張，此外何曾半瓣香[14]

自然坦率的本性活然紙上。

又如〈聞作麼子墜冰河中戲是似〉則云：

不因吾子將身試，誰識沙河幾尺深。[15]

頑皮的本性，戲謔的言語，顯示詩人的自然天真本性。

又〈心公書來寄乾笋一勈不到，天公書來寄乾笋一勈半又不到，戲成〉，因作詩云：

十載檀欒夢不成，此君雖死怯山行。自憐福薄甘心餓，猶幸書來兩見名。[16]

「此君雖死怯山行」、「甘心餓」等，呈現詩歌口語化與坦率之情。

在〈賀孝公被撻二首〉反映了當時的生活狀況，遺民們苦中作樂的情景。

獄吏何妨溺死灰，獨將雞肋抵轟雷。翻嫌昔日王孫餓，寧受尊拳不受哀。[17]

被撻竟說「賀」，可見詩人與孝公的關係匪淺，在無奈的環境下，彼此苦中作樂的生活。

又：

何人雪底縛袁安，不用攢眉且自看。總為梅花消息近，又添切徹骨一番寒。[18]

又〈賀貴庵水災〉：

---

14 《千山詩集》卷 16，頁 13。
15 同上，卷 16，頁 19。
16 同上，卷 16，頁 13。
17 同上，卷 16，頁 577。
18 同上。

> 深秋風雨苦連宵，瓶缽郎當一瞬漂。…
> 從此還山松月好，一枝猶自足鶹鷯。[19]

這也是流民苦中作樂之一例。流民面對天災人禍之時，也只能以達觀態度面對。

這些詩幽默風趣，自然得如出口語，題材是順手拈來，靈活有趣。因詩識人，函可（剩人）和尚的人物形象、思想主張、為人、個性，從詩集中跳躍出來。

二、重於抒情的血化詩

函可和尚流放瀋陽第三年（順治七年，1654）與流民左懋泰等組冰天詩社，堅持以寫詩抒懷托志。詩社〈序〉中之宣言，豪情激烈的宣言：「灑古往今來之熱血」、「用繼東林之盛事」，何其壯烈！氣勢磅礴！這是函可初到瀋陽氣勢仍屬的表現，亦可想見他在南京激憤的寫下，〈再變記〉的情懷。也許為寺僧所阻、朋有勸止，社詩只有開始之兩會。但從《千山詩集》中隨處可見函可和尚時與諸子詩會、出遊。有所感概即發而為詩，函可和尚流放瀋陽十二年而圓寂，晚年在〈祀竈詩〉說：「十載猶存舌」，[20]足見他始終堅持寫詩明志不輟，他並稱自己的詩是血化之詩。

（一）函可和尚之血化詩與杜甫化血之詩

函可和尚之詩風，流放前期激憤、不平，後期內斂悲沉。

19　《千山詩集》卷12，頁144-549。
20　同上，卷7，〈祀竈詩〉，頁510。

可能他自己也覺得沒有機會再回中原，詩風也轉爲低調悲
沉，字字血淚凝鑄而成，是遭巨創後之感悟。因此具有一種
特別深厚、沉痛悲淒之風格。今羞說：

> 第見師拈錘豎拂之餘，目有觸，境有所會，輒不自禁
> 或纍纍千言或寥寥數語，日積成帙。…[21]

此寄托的詩，皆有所感發而成。他將自己的詩與杜甫詩比較，
他自言自己的詩是「血化作詩」。而杜甫詩是「詩化作血」，
其〈讀杜詩〉說：

> 所遇不如公，安能讀公詩。所遇既如公，安用讀公詩。
> 古人非今人，今詩甚古時。一讀一哽絕，雙眼血橫披。
> 公詩化作血，予血化作詩。不知詩與血，萬古濕淋漓。[22]

　　杜甫與函可和尚都身逢離亂之世，杜甫看到的，遇到的，
是大環境的離亂，人民流離失所。杜甫自己也是流離的災民
之一，所以他寫的也是廣大同胞經歷的離亂之苦，若曾經此
苦的讀者，讀之當引起同感，勾起共同回憶而同聲一哭，加
已杜甫憂國憂民的情懷，賺人熱淚。所以是「詩化作血」。

　　函可和尚一家人在災變中遭殺戮、就義，最後自己一人
獨活，也遭流放，他所遭遇的非杜甫可比。也不是每個人都
逢此經歷，其心中之悲慟比一般遺民爲重，他的悲慟就只有
他自己知道。正如「別是一般滋味在心頭」，一般無此遭遇
的人是不理解。他以詩抒懷，詩中字字皆血淚凝聚而成，化
爲一股深沉、悲淒的氛圍，寄存於詩之字裡行間。大概函可
和尚的詩是要以同理心去感悟其悲涼才見其字字血淚。他自

---

21 《千山詩集》卷首，〈自序〉，頁 144-446。
22 同上，卷 3，〈讀杜詩〉，頁 481。

嘲說：

> 不因李白重遭讁，那得題詩到夜郎。[23]

其弟子今何稱其受禍後所寫詩爲「奇」詩，這種「奇」就是函可和尚說「血化」的獨特詩風。[24]

（二）流放初期的詩風

從以下詩可見函可被放後前、後期詩風之特色。

〈秋思〉一詩，內容是介紹函可和尚一家人的情形，回憶其從小至成長及最後的遭遇。是流放後得知家鄉消息所寫，共四百一十言，末云：

> …前月片紙來，摧胸裂肝腸。闔井十無一，舉家慘罹殃。
> …登山苦無梯，涉河苦無梁。山木何繇繇，河水何湯湯。
> 安得高飛翼，駕我以翶翔。狂雨日下來，白日黑淋浪。[25]

恨不能插翼高飛，憤不可抑，「狂雨」、「黑日」，如吶喊着天地不仁！

又：〈秋思新淚〉一詩，洋洋灑灑五百六十字。中云：

> 新淚拭不乾，古淚已及趾。…黃帝學道流，剪滅神農裔。…
> 烈烈復轟轟，又非宋代比。書以白銀管，藏以黃金櫃。
> 地上反奄奄，地下多生氣。我欲從頭哭，泪盡東海水。
> 白日且吞聲，歌詠聊爾爾。[26]

23　《千山詩集》，卷 15，〈解嘲〉，頁集 144-568。
24　今何在《千山詩集》卷首，自說：「吾師以詩得罪，復以罪得詩。以詩得罪，罪奇。以罪得詩，詩愈奇。何恨不得與師詩之罪，而猶幸得讀師罪之詩。」，頁集 144-446。
25　《千山詩集》，卷 2，頁集 144-469。
26　同上，卷 3，頁集 144-473。

詩中從古至今，歷數古今戰爭不斷及愛國英烈事蹟，最後歸結到明末的烈士更是空前的慘烈，他用「**地上反奄奄，地下多生氣**」道出犧牲者的眾多。控訴戰爭的無情，坦言「**我欲從頭哭，泪盡東海水。白日且吞聲，歌詠聊爾爾。**」的無奈處境。

〈秋思〉是哭家，〈秋思新淚〉是哭國。這種憤不可抑之情，使用直敘，坦言其事，直抒其情，前詩對自家慘遇的吶喊，後詩對戰火殘酷的控訴，作者利用詩表達得淋漓盡致。

（三）流放後期的詩風

如〈燕子〉：**尋常百姓今猶少，飛入清寒古佛家。**[27]

悲涼、諷世。

〈念舊〉：**對影高歌又一篇，一篇歌罷一淒然。子期
死後琴聲在，流水高山自歲年。**[28]

子期可能指左懋泰，生前同創冰天詩社，彼此詩歌唱和不絕，於函可剩人和尚圓寂前三年逝世。故有淒然孤寂之感。

〈對鏡〉；**波瀾盈面雪盈鬢，問是何人道是予。
卻是此生應久沒，尚從鏡裏見須臾。**[29]

詩雖平淡，但有鏡中人早該已死之嘆。仿佛只留軀殼活在人間。

27　《千山詩集》卷 17，頁集 144-593。

28　同上，卷 17，頁集 144-588。左懋泰於順治十三（1656）年逝世。

29　同上，卷 17，頁集 144-587。

〈憶曹溪〉：滿界螢飛說是燈，溪河半滴飲何曾？
　　　　　肉身縱在腸應斷，既哭蒼生又哭僧。[30]

雖名憶曹溪，其實除憶以外，是自弔兼弔蒼生。

〈道傍塚〉：舊塚低平雜草萊，可憐新塚又成堆。
　　　　　他年化鶴歸來日，不見纍纍那得知。[31]

嘆亡者多。

〈古怨〉：花飛到地枝難上，河流到海水難還。
　　　　蓮子落泥心尚苦，湘竹成簾淚尚斑。[32]

怨重。

〈即景〉：山山樹樹何皎皎，四顧人天一色清。
　　　　只有烏鴉瞞不得，枝頭數點最分明。[33]

詩中描寫一片慘淡的灰暗、烏鴉卻成為顯著的黑，畫面
始終是迷茫慘淡的黑白。這是詩人融情入景、情景相融之所
見，是他慘淡心境的呈現。也是他所謂血化作詩之血化詩。

〈至日〉：…歲歲盡傳陽已復，何曾一線及流民。[34]

〈偶感〉：遷客易為感，況兼秋有聲！天風吹木葉，一
　　　　半滿邊城。是處皆腸斷，無時不淚零。不知
　　　　何事切？未必盡鄉情。[35]

函可剩人和尚晚年詩歌悲涼、低沉、寂寞，內心的恨已
不是從前大聲疾呼，而是成為「湘竹成簾淚尚斑」，永生之

30 同上，卷17，頁集144-586。
31 同上，卷17，頁集144-585。
32 同上，卷17，頁集144-585。
33 同上，卷17，頁集144-585。
34 同上，卷16，頁集144-584。
35 《千山詩集》卷6，頁集144-497。

痛。心境是迷茫灰暗，像是一個軀殼活在人間。「何曾一線及流民」，彷彿道出流民生活的無望。

這都是經過血淚的遭遇演化而來，凝鍊而來的感情，所以說是血化作詩。然而亦有反樸歸真，不食人間煙火的詩，如：卷十六的〈金壙山居〉二十首，可能為函可和尚後期作品。按《年譜》載，函可和尚圓寂前三年都住金塔寺。

（四）別具特色的答問詩

函可和尚的問答詩是通過假設，一問一答而從中抒情述志。而問的對象比較特別，如問石頭人、問眼、耳、口、鼻等。他借詩歌問答寄托心志，通過提問，而自問自答的述志寄意。另一方面也透露出他雖然熱心傳教與人交往，但是內心孤寂。

《千剩詩集》卷十七，與石人對話的詩兩組[36]：

第一組詩人以擬人設問石人「威儀恍惚猶前代，不識皇家制令新」，石人回說：「眼看田海變朝烟」、「未必君心似我堅」。詩人嘲諷石人不識新制令，石人反說，眼看朝代改變，你未必如我心堅。詩人借石人的話，寄托出自己忠於前朝，心堅如石的志。

第二組設問石人詩，「憑君莫問滄桑事，只恐愁多石也穿」，石人回說「話到傷心我亦憐。骨勁冰霜雖已慣，不禁秋雨泪漣漣」。借石人的回答，說出自己雖然骨勁冰霜，當有感遭遇時亦淚漣漣。抒發詩人對亡國的傷痛。

與眼、耳、口、鼻、頭、手、腹、足、心等對話見於《千

---

36 《千山詩集》卷17，有〈問石人〉、〈答〉；〈又問〉、〈又答〉，頁集144-593。

山詩集》卷一。[37]

　　頭對詩人說：「幾乎為汝成仁別」看之讓人莞然，手說：「捧天乏力」，貼切。

　　婉轉道出朝代轉變，且有今不如昔的慨歎。如眼說：「勘殘佛祖難為髓，看到人民便皺眉」、鼻子說：「莫為此時難為掩」都有諷喻時政之意。耳說：「曾聞大呂與黃鐘，莫教巴歌調不同」。

　　慨歎抗敵無功，也是自傷之詞。如口說：「睢陽扶齒萬年白，若水過唇兩片紅。舌上縱饒蓮十丈，于今用得半毫無」。

　　感傷政治，如：「年來暫把風霜踐，岐路何時可蕩平」。

　　此生寄託於弘揚佛法。問身：「世上滄桑原瞬息，更因何事淚潸潸？」，身答說：「但使五燈能續焰，玉門何須願生還」。

　　詩中說到自己的辛酸，且是貼切的對話，莫如與腹的對話：「最嫌一點唯明白，飲淚吞聲只自知」。辛苦遭遇只有自己知，淚只能往肚裡流。

　　詩人在詩中說談了今後自己身心的安頓。身的安頓是塞北。即瀋陽，函可和尚流放瀋陽，該地是滿人入關前都城，所以用「朔庭」稱之。在與心的對話中說：「只今面目歸何處？大雪綏綏下朔庭」。心的安頓是寄託山與月。即與心的答問所說：「未來過現何從得？雲滿峰頭月滿瓶」。

37　《千山詩集》，卷1，頁集 144-529-531。

第二節　函可和尚詩之教化

函可剩人和尙提倡忠孝，身體力行，發之於詩歌，聲聲感人，因此顧夢遊推崇他的詩具有聲教與身教。

顧夢遊於《千山詩集》〈序〉中說：

> 讀大師詩，而君父之愛油然以生，聲教也，讀大師詩而知忠孝之言，不可以苟生死不了無以為文字，文字不徹，無以為生死身教也。

所謂聲之教化，是指剩人和尙提倡忠、孝，詩中所言離不開充忠、孝行為的鼓勵，正氣凜然的說教，成為詩歌精神寄托之特色，讀之讓人深受感召。

所謂身教，是因為剩和尙以身作則，身體力行處處表現出忠、孝的行為，成為弟子、信徒的活典範。和尙圓寂後其影堂楹聯：「亦儒亦佛，能孝能忠。」就是最適合的寫照。

第三節　函可和尚詩之傳奇

剩和尙死後四年，康熙四十二年（1703）冬，粵華首常在合各家藏剩人詩集及詩篇，彙集印行，黃華寺所存和尙在金陵詩因後至，以補遺附於詩集後。[38]至此剩人詩集才得以

---

38 同上，〈自序〉〈附記〉。頁集 144-446。

流傳。

　　函可和尚弟子今何，刻《千山詩集》時，〈序〉云：

> 古之為詩者多矣，未必罪，古之得罪者多矣，未必詩。
> 吾師以詩得罪，復以罪得詩。以詩得罪，罪奇，以罪
> 得詩，詩愈奇。何恨不得與師詩之罪，而猶幸得讀師
> 罪之詩。因盃與若兄編而刻之，使天下後世讀是編
> 者，知詩惡可以無罪，而罪又惡可以無詩。[39]

今何和尚只說了函可和尚因詩（再變記）而得罪，又於被放
後以詩寄意創作了血化的詩（奇詩）。這種互為因果的關係，
已經是函可（剩人）和尚詩的傳奇，而還未知到以後有更傳
奇的發展。後來又因為他的詩（奇詩）被清廷發現，列為禁
書，可以說他第二次因詩得罪。

　　《千山詩集》印行七十年後，即清乾隆三十八（1773）
年，三月，廷查訪違礙書加以毀棄。三十九年（1774）十一
月大肆查禁書，[40]乾隆四十年（1775），清廷諭遼寧地方吏
查究千山僧函可有否佔住僧廟、支派碑刻字跡等。[41]乾隆四
十三年（1778），千山詩與語錄已列入《違礙書目》。[42]乾
隆五十三年（1788），五月，浙江巡撫覺羅琅玕奏以《千山
語錄》、《詩集》，列為禁書。[43]所以現存「剩詩」，可能
都經刪過，難窺剩人詩歌之全豹。因為廟碑被燬，宗派流傳

39　同上，〈自序〉。頁集 144-446。

40　《清高宗實錄》，卷 929。三月，即興屈大均案。

41　《千山剩人禪師語錄》〈附錄〉。

42　榮柱刊《違礙書目》乾隆 43 年 11 月初，清下旨查繳違礙書，限二年繳
　　出，兩年後有藏者治重罪。台北市：新文豐出版，1985（民 74）。

43　清軍處《禁書總目》，台北市：新文豐出版，1985（民 74）。

等無存，有關在東北傳教情形不可得知、實爲可惜。

　　明遺民詩具有明顯的時代特色，寄存豐富的民族精神和忠君愛國的思想，通常在抒發思國悲痛之同時，撫今追昔，關心當時民生疾苦，呈現一種悲天憫人之心。函可和尚是眾多明遺民詩人之一，由於他對時局的敏覺性高、又有異於一般遺民的遭遇，當以詩歌述志抒懷時，呈現了一種獨特的風格。

　　函可和尚（剩人）的詩歌，在思想行爲方面而言，他通過詩歌宣揚忠、孝，身體力行處處顯示對國家、.正義人士的追念；在生活哲理方面而言，既圓融處世又嚴格堅持，包括堅持以傳統精神傳教的態度、堅持用詩歌述志的態度。他在文學創的風格：前期的豪情激動，豪放而曠野，是冒死的抒情。晚期轉爲沉吟悲鳴、孤芳蒼涼的血化詩，是身心重創後的哀泣。

　　其詩歌最大的成就是將詩歌生活化、以詩歌寄托悲憤之情、寄托堅決的意志，自然而感人，建立獨特的詩歌風格，豐富了清初詩歌創作的內涵。

第七章　函可和尚的交游

第一節　出家前之交遊

　　有關函可和尚的交遊，將以他出家前、滯留南京、謫放瀋陽慈恩寺等三個時期來說明。

　　函可和尚出家前的朋友有從小認識的如劉乃運、謝長文、趙焞夫等；返鄉後認識的如曾起莘等，都在《千山詩集》中提到而得知，至於隨父在京時，善交遊的他，不可能沒有朋友，但《詩集》中鮮有提及，這時期所提到的朋友，僅是父輩的陳路若、林茂之等。

一、童年朋友

　　劉乃運、謝長文、趙焞夫等是函可和尚的童年朋友，感情要好。函可和尚雖然少小離家鄉，可能常往來家鄉與京師兩地，故仍有鄉間老友在往來。當他到瀋陽後，得知劫後尚有老友餘生，就高興地賦詩，如：〈寄關起皋，聞謝伯子、

趙裕子諸老在喜賦〉、[1]〈寄陳三官〉、[2]〈遙哭劉乃運〉等
詩。[3]對謝伯子、趙裕子則說：「少小論交四十秋」；提到劉
乃運則說：「卅歲論文爾汝交」；陳三官是「廿載前為予作
幻相數十」的人，[4]得知音訊的函可和尚已是年四十七，可見
他是一個重友情的人，所以有相交二十、四十年的朋友。

二、遠道要訪函可和尚的老友梁殿華

　　梁殿華，字弼臣，番禺人。崇禎壬午舉人，與函可、函
昰和尚最契。國變後禮函昰和尚為居士，屢徵不起。殿華度
嶺往瀋陽訪函可和尚，至白門病逝。殿華病阻白門不能赴瀋
陽，曾寄書及詩予函可和尚，逝後，和尚均有詩記之，即〈弼
臣病阻白門兩次寄書並詩因成二章兼次其韻〉。其一詩云：

　　　驚傳一紙到遼陽，舊閣樓臺種白楊。我友盡亡惟汝在，
　　而師更苦復余傷。孤舟臥老長干月，破衲披殘大漠霜。

1　《勝朝粵東遺民錄》，卷一。《千山詩集》，卷 13。頁集 144-556。
　　謝長文，字伯子，一字雪肌，番禺人。貢生，能詩、古文、詞。與黎遂球
　　相契。國變後禮函昰為僧，名今悟，字了聞。著有《乙巳詩藁》、《雪航
　　藁》、《秋水藁》等。
　　趙焞夫，字裕子，番禺人，少以詩名。梁元柱因疏刻魏黨歸里，遂與焞夫
　　游。焞夫又參與元柱與黎遂球等重開之訶林淨社。焞夫、長文、宗騋（函
　　可）相友善。國變後棄儒冠，行吟憂鬱，年六十逝。著《草亭稿》。
2　《千山詩集》，卷 13。頁集 144-556。
3　同上。
4　陳三官，寫生手。每汙患世習命寫生手戲圖為意中幻肖。時函可十九歲。
　　共 30 幅，汪氏在《年譜》中說其父謂藏於博羅韓氏祠。檀萃《楚庭稗珠
　　錄》云，曾見於韓五處。該圖冊近世由博羅韓氏宗親會保管。見沈正邦、
　　仇江撰函可和尚與〈意中幻肖圖〉
　　http://202.116.65.84/gwxs/download/068.pdf

共是異鄉生死隔，西風吹淚不成行。

其二詩云：

兩度詩來僧正眠，石頭正繫孝廉船。交情尚擬還鄉曲，病骨先殘出塞前。舊閣遺經難可問，覆巢餘卵復誰憐。幸留花雨沾新塚，始知雷峯別有天。[5]

函可和尙又作〈遙哭梁同庵〉，詩云：

舊鄉朋好委荒榛，兩見書來爾是人。已買草鞋參磧雪，旋將藥裹別江春。[6]

又函昰和尙曾作〈梁同生書辭北上賦此寄別兼訊祖心弟〉詩，[7]故梁殿華，字弼臣，即梁同庵，也稱梁同生。

三、散木堂中相與縱談世事的朋友

羅賓王聚集一群志同道合的士人包括梁朝鍾、曾起莘、黎遂球、陳學佺、張二果、陳虬起等，[8]在自家的「散木堂」

5 見《勝朝粵東遺民錄》，卷一。頁 40。
《千山詩集》，卷 11，〈弼臣病阻白門兩次寄書並詩因成二章兼次其韻〉，頁集 144-537。
6 《千山詩集》，卷 12，頁集 144-549。
7 函昰《瞎堂詩集》，卷 7，收入《四庫禁燬書叢刊》，集部，116。北京市：北京出版社，2000。頁集 116-546。
8 《勝朝粵東遺民錄》卷一。頁 19-20、頁 53。《皇明四朝成仁錄》卷 9，臺北：1979，鼎文書局，頁 329-331。《天然和尙年譜》頁 13、頁 7。《千山詩集》卷 7，頁集 144-510。四明西亭凌雪撰《南天痕》卷 11。
羅賓王，字季作，番禺人。萬歷乙卯舉人，爲南昌同知。有殺身報國志，遭忌回里，與里人梁朝鐘等聚好談當世事。黎梁殉國，韓赴南京，陳、張早逝，賓王禮道獨有出家之志，會張家玉起義，賓王爲其草倡義勤王偈，後兵敗，賓王與子俱下獄，敵感其忠，釋之。禮道獨名函駱，字思唐。著有《散木堂集》、《獄中草》。

縱談國事，宗騤（函可和尚）返鄉後參與其會。這可能是梁
朝鍾的關係，宗騤（函可和尚）因梁朝鍾的關係認識曾起莘
（函昰和尚），而梁朝鍾與曾起莘都是散木堂的座上客。函
可和尚出家後，往來酬唱的都是這群志同道合的朋友。他們
或爲僧或爲居士，總之都是佛門弟子。崇禎十七年（1644），
函可和尚在廣州城東黃華塘建不是庵落成，眾淨侶過訪。黎
遂球有〈喜祖心師不是庵落同麗中師、丁善甫、梁漸子、李
山農、子雲諸淨侶過集〉詩。[9]從而可以看到函可和尚不會因

梁朝鍾（？-1646），字未央，廣東番禺人。崇禎十五年（1642）舉人，
明年成進士，有感官場傾亂，辭不就仕。少禮道獨爲居士，名函徹，字妙
明。南明紹武稱帝廣州，授朝鍾國子監祭酒旋改司業。廣州城陷，殉難。
著《喻園集》。

黎遂球（1602年-1646年），字美周，番禺（今廣州番禺板橋鄉）人。禮
道獨爲居士法號函美，字於斯。隆武時，授兵科給事中，賜勅印提督兩廣
水陸義師援率贛州，城陷，殉。著《蓮鬚閣集》、《爻物當名》。

陳學佺，（？-1635）字全人，廣東東莞人。崇禎六年（1633）鄉試第一。
禮道獨和尚，法名函全。工白描佛像、人物。案《天然和尚年譜》學佺卒
於崇禎八年（1635），宗騤（函可）父逝，於崇禎九年（1636）。函可和
尚有〈讀梁未央贈陳全人詩有感用原韻〉詩云：「我昔見君日，知君慕遠
林」句。則函可和尚父死前常往返京師於鄉間而認識學佺。

張二果（？-1639），字穉復，東莞人，天啓七年（1627）舉人。禮道獨
爲僧名函悟，字莿公創建羅浮華首，水簾、洞山諸寺，崇禎十三年卒於盧
山。著《是誰集》、《白業巵言》。

陳虹起，番禺人，諸生。是一個感時傷世，抑鬱之氣露於唱和間的人，後
禮函昰爲僧，法號今儆，字敬人。

9 黎遂球《蓮鬚閣集》，卷7，《何氏至樂樓叢書》第21，香港：1979。頁
19。

《勝朝粵東遺民錄》，卷一，頁35-36。《千山詩集》卷10，頁集144-525。
《千山剩人和尚年譜》，頁12。

《勝朝粵東遺民錄》，卷4，〈二嚴〉，頁31-32。

丁邦楨，字善甫，東莞人。與梁朝鍾、韓宗騤、曾起莘、梁祐逵最契。與
上述朋友約爲方外遊，未果。丙戌（1646）張家玉薦促其入閩，因廣州陷
未赴，以憂憤卒。函可有詩懷之。

爲出家而影響他一向之交遊習慣。

四、帶領他改變人生方向的朋友

宗騋（函可）因家中子弟之師塾老師梁朝鐘之薦，得認識起莘（函昰），從其論道。又同往謁獨道和尚，然後得以禮獨道爲僧，所以對宗騋（函可和尚）而言，起莘是亦師亦友，是他學佛之啓蒙師，人生轉捩點中的一個重要人物。

曾起莘（函昰）（1608-1685），字宅師，番禺人。崇禎癸酉（1633）舉人，政治日非，與黎遂球、梁朝鐘等縱談世事外更相約爲方外遊。韓宗騋因梁朝鐘而識起莘，急切地邀起莘入住博羅止園，相與談佛道兩個月。後又一起往見道獨和尚。崇禎十二年（1639），韓宗騋禮道獨爲僧，法名函可，字祖心。曾起莘則受阻於父親，必須得待「成名」後，始准出家。

是年，好友張二果卒，曾起莘更有感於世事無常。明年（1640），33歲，決意爲僧，趁赴考之便，到南康求道獨祝髮，法名函昰，字麗中，號天然和尚，爲曹洞宗三十三傳法嗣。

所以，函昰和尚聞道早而比函可和尚晚一年爲僧。

梁祐逵，字漸子，順德人。崇禎已卯舉人，與陳子壯等復南園詩社。廣州陷，爲僧，未幾卒。

李山農、子雲兩人是李雲龍的兒子。雲龍字煙客，番禺人，諸生。先事梁元柱，隨元柱削籍歸里。日與陳子壯等遊，後走塞上客袁崇煥，丁卯崇煥遭刻乞歸，雲龍痛憤，旋又起用，崇煥死後，歸里禮道獨爲僧。國變後不知所向，著《雁水堂集》。山農，雲龍長子，名雲子。丙午（1666），禮函昰爲僧，名今从，字淨起。子雲，雲龍次子，名龍子，崇禎乙卯舉人。順治十八年（1661），禮函昰爲僧，名今莖，字具五。

函可和尚稱，他與梁朝鐘（未央）、張二果（荊公）、曾起莘（宅師）是「人生難逢幾弟兄」，可見他們是情如兄弟。[10]最後，梁朝鐘就義，張二果早逝，曾起莘與函可先後爲僧。

崇禎十五年（1642）函昰和尚之母、妻，亦禮道獨和尚爲尼。函昰和尚之母、妻，出家是在明亡前，與國變逃禪無關。

清初詩人屈大均曾禮函昰和尚爲僧，國變之時，屈大均年16歲，來見函昰（天然）和尚，和尚命其往粵秀山從陳邦彥學，[11]屈大均始認識邦彥子恭尹。順治四年（1646）清兵南下，士人紛組義兵激烈抗清，天然和尚之舊友俗家弟衣物，其中一子相繼殉國難，如黃端伯、黎遂球、梁朝鍾、霍子衡父子、陳邦彥、陳子壯、張家玉等，函昰（天然）和尚一一悼之以詩。感事懷人，一寓之於詩。順治七年（1650）屈大均禮和尚爲僧，法名今種，字一靈。是年大均隨其師邦彥起義，失敗，師殉難，恭尹爲其父輩救匿。是年函昰和尚之父及子亦至雷鋒出家。函昰和尚父母兄弟妹妹妻兒媳婦均先後出家。天然和尚未出家前有子，名琮，諸生。即弟子今摩，字訶衍。[12]同年底清再陷廣州，函昰和尚偕父母避居廣州白雲山及南海西樵山。後駐錫番禺縣員崗鄉隆興寺，修建後改

10 《千山詩集》卷13，〈讀未央與荊公宅師談金輪舊事詩有感用原韻〉：「人生難逢幾弟兄，舊編重讀不勝情。忠臣遺廟清珠海，（未央殉義後，當事建祠於海濱祀之）古佛雙林冷莞城」。（指荊公，時已逝19年），頁集144-555。

11 陳邦彥，字會斌，順德人，諸生，學者稱巖野先生。弘光立，上中興政言數萬言。丙戌（1646），清兵入粵起義守清遠，敗，被執不屈死。謚忠愍。著《巖野集》。

12 見汪宗衍《明末天然和尚年譜》、陳伯陶《勝朝粵東遺民錄》卷4。

稱海雲寺。清廷爲早定大局，對於曾經參與抗清者，只要皈
依佛門，就不再追究，所以出家者更眾。函昰和尚後居雷峰，
立規矩，整肅森嚴，皈依者眾。雖處方外，仍以忠、孝、廉
節示教。其弟子中不少爲文人，以詩歌創作寄托亡國情懷，
匯成清初明遺民的獨特詩風，因稱之爲「海雲詩派」。又弟
衣物，其中一子多善書畫，稱之爲「海雲書派」。是故函可
和尚對清初嶺南的教化具有深遠的影響。

　　函可和尚弟子以今字派，其中名弟子，世人所稱爲「雷
峰十今」（海雲十今），相與唱酬又有「六十詩僧」。可見
明清之際詩風甚盛。函昰（天然）和尚曾住持福州長慶寺，
江西廬山歸宗寺，廣東羅浮山華首台，丹霞山別傳寺，廣州
海幢寺諸名刹。晚年歸番禺雷峰海雲寺。圓寂時八十七歲。
著有《楞伽心印》、《楞嚴經直指》、《天然語錄》、《瞎
堂詩集》。

第二節　滯留南京時期之交游

　　函可和尚甲申末到南京至被謫放瀋陽慈恩寺
（1644/12-1648/4）期間之交遊，從其《千山詩集》中歸納出
來，這段時間最常交往的要算林茂之、顧夢遊、余懷等人。

　　林茂之父執輩朋友，顧夢遊是到南京後認識，一見如故，
余懷，激烈情懷與函可和尚相契合。以上人物可說當時明遺
民活動之主事者，函可和尚一到南京即認識他們，這因爲寺
僧與遺民們有密切的互動關係，寺廟也往往成爲遺民們聚會

之地。覺浪道盛禪師，是函可和尚的師叔，住南京天界寺。
函可和尚到南京，本掛錫靈穀。覺浪道盛禪師在當時又儼然
成為遺民的精神導師，遺民中之長者林茂之、名人錢牧齋，
都相往來。王子京面對出處的抉擇時，也請教覺浪道盛禪師
的意見。黃宗羲說到吳甹舉辦時文社於天界寺，「集者近百
人，拈題二首，未午而罷，設飲于寺之丹墀」，[13]情況鼎盛。
《顧與治詩集》中有〈高座寺送春〉（卷 4）、〈社集天界
循公房〉（卷 3）、〈夜投祖堂最公房〉（卷 1）、〈高座寺
送春〉（卷 4）、〈高座寺一指師五十〉（卷 4）、〈甘露寺
社集〉（卷 7）、〈朱公是酌別甘露寺〉（卷 7）等。邢昉《石
臼後集》〈同與治高座寺娑羅樹下納涼歌〉（卷 2）、〈碧
峰寺尋槁木上人〉（卷 3）、〈贈介立上人〉（卷 3），並小
題「介立以誣被繫子京觀察脫之」，可見僧寺與遺民有密切
關係。顧與治是遺民活動的主要人物之一，瞭解當時南京寺
僧與明遺民的關係就不難理解函可和尚為何一到南京就與遺
民中活躍份子顧與治定交，最後志趣相投的住進顧家樓。

　　寺僧沒有發起活動，但與遺民聲氣相通，同情遺民，也
包涵清官。函可和尚被捕，為了拯救他，他的三類朋友（寺
僧、遺民、清官）也動員起來。拯救函可和尚之行動中顯示，
清官出錢（王子京），寺僧出力（友蒼），遺民朋友奔跑甚
至同赴患難（如：于皇、龔賢、顧與治）。[14]以下是函可和
尚在南京時的朋友。

---

13 黃宗羲《南雷學案‧思舊錄》1 卷，收入《清代傳記叢刊》026.學林類
　　36，頁 026-036。臺北：明文書局，1985。
14 掘著〈清初官吏與寺僧、遺民之交往初探 ── 以王子京為例〉，《致理
　　學報》，中華民國 100 年 11 月第 31 期，頁 151-164。

一、兩代交情之林茂之

林古度（1580-1666），字茂之，閩人。住南京，與方文、邢昉、顧與治、龔賢等交遊。因齒德俱尊，被遺民視爲典範。方拱乾作〈晤林茂之時年八十五矣〉詩云：「群奉丈人行，相看若鼎彝」、「結客前朝重，遺民後代知」。[15]茂之一生窮困，而交友滿野，錢謙益是他好友，黃宗羲遊學南京，曾拜訪他，形容茂之：「蕭然陋巷，車馬盈門」。[16]八十一歲認識了顧炎武。[17]他爲了懷念故國，將一枚萬曆錢繫於左臂，以示不忘，凡二十餘年，卒年八十六。

林茂之是函可和尙父執輩的朋友，天啓間，韓日纘在南京任官，林茂之已是韓家聚會的客人。函可和尙有〈寄陳公路若〉詩，附小引，云：

> 予恃先子於南都，署中木樨花開，月峰伯率一時詞人賦詩其下，…及薙髮來南，與茂之相見，已不勝今昔之感歎。[18]

函可和尙有〈寄茂之二首〉，中云：「髫年見爾蚤登壇」、「兩世交游情更切」。又「一時群士推前輩，半世相交屬古

---

15 沈德潛《清詩別裁集》卷1，河北：河北人民出版社，1997。頁6。
16 同上。頁026-033。
17 顧炎武《亭林詩集》卷3，收入《續修四庫全書》集部；別集類；1402冊。上海：上海古籍出版社，2002。頁38。
　〈贈林處士古度詩〉：「…五官既不全，造請無虛時。…彬彬萬曆中，名碩相因依。…今年八十一，小字書新詩。…百年且就見，況德爲人師」。
18 釋函可《千山詩集》卷12，頁集144-543-544。

人」[19]。可見交情深厚及茂之受遺民推崇的情形。

　　林古度曾與方文、顧夢游等百餘人舉鐘山大社。[20]崇禎十三年庚辰（1640），邢昉、方文等人于金陵結求社。[21]

　　這群遺民中茂之最長，甲申時六十四歲，邢昉比茂之少十歲，應為五十四歲。[22]

　　方文年三十二歲，與邢昉為忘年之交。顧與治時年四十五歲，與剛認識的函可和尚，時年三十五歲，最相契。所以這群遺民朋友集老中青三代，最長茂之，最少方文，然都有熱烈之愛國情懷。

　　方文（1612-1669），字爾止，號嵞山。安徽桐城人。崇禎九年丙子（1636年）秋與顧夢遊、邢昉、葛一龍、史玄等數十人結社秦淮。方文崇尚氣節，入清後不仕，賣蔔江湖，與邢昉友好。邢、方二人的身世背景相似，他們同處亂世，皆因性格耿介、守窮抱拙終生。方文每年三月十九日都會作詩懷念明朝崇禎帝，所作詩自成一家，潘江稱之為「嵞山體」。晚年移居太湖，窮居蕪湖，著有《嵞山集》。潘江，字菊藻，號木崖。十歲能文，入清後，屢召不仕。

　　邢昉（1590-1653），字孟貞，一字石湖。江蘇高淳人，

19 同上，卷9，頁集144-519。

20 沈菲〈邢昉與竟陵淵源考〉www.zhonghualunwen.com 發佈時間：2010-11-0112:52:38

21 邢昉《石臼前集》卷5，〈立春前一日求社始集〉注云：庚辰，同爾止作。收入《四庫禁燬書叢刊》；集部；51。北京市：北京出版社，2000。頁集51-147。

22 同上註。卷4，〈答林茂之見訊〉，中云：「臨老具庚歲，隨肩小十年」。頁集51-120。

　　又卷1，〈過林茂之〉：「與君俱白髮，君更十年老」。頁集51-184。

明諸生。與顧與治相交三十年。經歷崇禎五年（1632）鄉試被斥曰狂後，憤而作《太狂篇》以明志。從此棄功名，往來荊楚吳越間，遍遊名山大川，凡有觸發，一一寓之於詩篇，平生與方文爲摯交。崇禎九年（1636）與顧夢遊、方爾止等數十人結社秦淮。被楊龍友延署中凡八年，後被王子京延署中編書二年。

> 生平不慕縈利，不問生產，不屑交游…性剛卞，一語不合，見色拂衣，齒爲俯仰，故終身無所過，窮賤以老。[23]

其個性與方文有相類似。

順治三年（1646）函可和尚在南京與邢昉、與治過得很稱意。《年譜》云：

> 在白門觀察王子京署中，嶺南祖心和尚寓顧與治園，往來唱酬甚樂。時陳百史數遣人存問先生與方、顧諸君，自分異趣，不與通。[24]

陳百史、王子京同是清官，邢昉等人不與通，不因爲他是清官，而是跟陳百史「異趣」。陳百史當官，曾招好友閻爾梅，爲爾梅所拒。所謂異趣，是陳百史招遺民朋友一起去當清官。

函可和尚有〈寄孟貞〉詩：「孤僧罪案橫詩卷，伯氏遺詞發道心」[25]。則可知函可和尚遇難時，邢昉也是仗義奔跑

---

23 同上註。〈顧與治序〉。頁集 51-4。

24 湯之孫《邢孟貞先生年譜》，收錄於《北京圖書館藏珍本年譜叢刊》第66冊。
   北京市：北京圖書館出版社，1999。頁集 209-224。

25 釋函可《千山詩集》卷 9，〈寄孟貞〉，頁集 144-519。

求救的人之一。著《石臼集》。

二、可以共患難的顧與治

顧與治是函可和尚的知己，國變後在南京結交，曾生死與共，異地相隔後仍思念不絕，書信往來互通消息。

顧與治（1599-1660）字與治，江寧（今屬江蘇）人。崇禎十五年（1642）歲貢生。入清後，以遺民終老。平生好義，重友情。如歸葬客死吳門的宋珏、與函可和尚成生死之交、與邢昉相交 30 年等都足以證明。

函可和尚到南京印經時才認識與治，一見如故，最為契合，所以很快就住到顧家。函可和尚南歸，因詩稿惹禍被捕。與治被受牽連，而他臉不變色，口無悔詞。[26]邢昉也說：「道豈佯狂得，身將羅網猜」，[27]所以與治是牽連入獄，由於函可也不屈，口無二詞，與治終倖免於難。函可〈寄與治二首〉，詩云：

> 亂後投交白板門，梅花香飯每同論。平生最苦人皆好，古道全凋爾尚存…[28]。

其二又云：

---

26 顧夢遊《顧與治詩》周亮工〈序〉：「剩公之及於難也，禍且不測，與治左右之不稍避，卒與之俱全」。收入《四庫禁燬書叢刊》；集部；51。北京市：北京出版社，2000 錢謙益〈顧與治序〉：「金陵亂後與剩和尚生死周旋。白刃交頸，人鬼呼吸無變色，無悔詞」。見於釋函可《千山詩集》卷首。

27 邢昉〈夢與治〉《石臼後集》卷 3，收入《四庫禁燬叢刊》集部，51。北京市：北京出版社，2000。頁集 51-115。

28 釋函可《千山詩集》卷 9，頁集 144-519。

一卷詩書動甲兵，鳥魚飛逝海天驚。許多人士欣同
死，費盡精神荷再生…。[29]

說明他們結交的時間及與治生死與共的友情。

函可和尚被放瀋陽以後，彼此仍詩歌互寄，雖然關山遠隔，仍是談心事的朋友。如與治晚年爲洲田所累，即將事情以書信告之，函可和尚則以詩回覆相慰。[30]

函昰和尚遣弟子今無阿字到瀋訪函可和尚，回程時，函可和尚不忘命其代爲拜訪與治。阿字詩云：「雪底故人相憶甚，石頭先遣問秋風」[31]。

屈大均欲到瀋陽訪函可，過南京也先請雪公同訪與治，可見大家都知道他們是最爲要好的朋友。[32]

與治晚年窮困，以書易粟，求者成市，卒年六十二。

顧夢游工古文辭，卒後，友人施閏章、方文、沈希孟等搜集輯佚，定爲八卷，錢謙益、顧炎武、周亮工、施閏章、方文、沈希孟等都爲之撰寫了序文。名《顧與治詩集》。[33]

余懷（1616-1696），字澹心，一字無懷，號曼翁、廣霞，又號壺山外史、寒鐵道人，晚年自號鬘持老人。福建莆田黃石人，僑居南京，晚年退隱吳門。余懷具正義感，反對馬士英等作爲。入清後，奔波于各地，聯絡反清志士進行活動。所做詩歌、文章，抒發喪家失國的悲痛，表示復國的壯志。

---

29 同上。
30 同上，卷 10，〈與治書來言爲徐氏田累寄慰〉，頁集 144-528。
31 釋今無《光宣臺集》卷 21，〈贈顧與治〉，頁集 186-356。
32 《顧與治詩》卷 5，〈送一靈師之遼陽兼柬剩和尚〉兩首，頁集 51-3570。
33 施閏章〈顧高士夢游傳〉，《碑傳集》卷 123，收入《清代傳記叢刊》，第 113 冊，臺北：明文出版，1985。頁集 113-033-4。

晚年隱居吳門，以賣文爲生。著《板橋雜記》。丁澎《塔碑銘》謂，函可和尚被捕後，曾將詩文藏敗絮中，叫余懷急持去，而緹騎突至，將函可押送北京。[34]到底余懷有否拿到文稿？不得而知。

三、佛門師友

道盛（1592～1659），字覺浪，福建人。俗性張，因謁端嚴公薙髮，棲夢華山。後至金陵天界寺世稱天界浪杖人。順治十六年卒，享年 68，著有《覺浪語錄》等，收入《天界覺浪盛禪師全錄》。

道盛與函可的本師道獨都爲道字派，係出同門，都爲曹洞 36 世，道獨皈依無異元來，道盛皈依晦臺元鏡。元來，元鏡之本師爲慧經。[35]

所以函可和尚是道盛法侄。函可和尚到南京找道盛是理所當然，道盛與寺內其僧人跟遺民往來密切。

友滄，生卒不詳，覺浪禪師門人，天界寺僧。又住大報恩寺。[36]四川遂寧縣人。明末賊亂，遁跡空門。嘗住北京浣花庵，覺浪禪師門人，天界寺僧。授以衣缽主水西道場，終金陵報恩寺。[37]預知時至，端坐而逝。善畫，爲人勇敢、智

---

34 丁澎〈普濟剩禪師塔碑銘〉《扶荔堂文集》卷 12，收入《回族典藏全書・藝文類》，蘭州市：甘肅文化，2008。頁 12-16。

35 聖嚴法師《明末佛教研究》，台北：法鼓文化，2000。頁 36。

36 周體觀〈大報恩寺逢友蒼言別〉詩，見沈德潛《清詩別裁集》卷 3，頁 48。

37 李德淦《涇縣誌》，卷 25，〈仙釋・大嵩傳〉，台北：成文，1975。頁 2285。

慧、好義。

覺浪禪師在〈如湧錄序〉中稱讚他有四項義行：

> 不避斧鉞，圖存大藏經板於不壞；又值紫柏尊者石像
> 湊送龍子歸潭一事；又尋得笑崖月心和尚塔而重修
> 之；又預聞祖心將至，即設法救護其死命。[38]

覺浪禪師又稱讚他為「命之而不惜，抑且巧獻其幾，以快成
其事。」，「得非公之手、眼異常，乃能自取之乎？」[39]所
以他是一個可以憑着機智、勇敢，完成不可能任務的人。

〈如湧錄序〉中，覺浪禪師所說：「又預聞祖心將至，
即設法救護其死命。」，因知友滄師即函可和尚被捕後押送
北京時沿途接濟達百餘日，遣戍當日，忽又「紫轡奔來，白
鏹贈路」的神祕人物。

從〈復瀋陽祖心可任禪師〉一信中，可見覺浪禪師後來
是認同函可和尚作為的。他說：

> 天然任、笑峰、友蒼、旻昭諸公之能同此眼、此心，
> 於傳燈正宗，有可質正、不可質正者，皆在此中無餘
> 蘊矣。

又說：

> 今讀老姪書，益見千古之傷心有在，端然不是脫空，
> 千古之痛眼未亡，的然自是可必果。有此痛眼，能為

甘肅《遂寧縣誌》卷六，〈祖嵩傳〉，臺北市：臺灣學生，1968（民57），
頁1062-1064。

38 覺浪道盛撰〈如湧錄序〉，《天界覺浪盛禪師全錄》卷22。《嘉興大藏
經》第三十四冊 No. B311。
台北版電子佛典集成 http://taipei.ddbc.edu.tw/index.php

39 同上。

此傷心。果有此痛心，能為此快事。則余前此的非謾
語，的非可求於天下人也。[40]

「非謾語」，當指曾對函可和尚寫記事詩提出的告誡。至此
覺浪禪師已諒解函可和尚惹禍及讚賞友蒼救助的行爲。友滄
即友蒼，詳見拙著〈清初官吏與寺僧、遺民之交往初探－以
王子京爲例〉之肆。[41]

四、傳說是出錢相救的朋友

王遂，字子京，四川人。工書畫。順治三年（1646）官
江南，與周亮工同官觀察使。

王子京任官前，有出處的矛盾，曾請示過覺浪大師的意
見，大師在〈復王子京居士〉中說：

杖人自鍾山與居士論出處之有時…造物不欲置人於
死地，而以活法變化之也。…如二乘人以出生死為
重，涉生死為破戒。大士以度生死為重，以遠生死為
破戒。…試問今日不間介人還入山中，得不犯嫌疑
乎？還入朝市，得不免諱忌乎？如此較之，則我與公
皆不可一己之私而害造化之妙密也。正要公參大冶紅
爐禪。三墮縱橫禪。[42]

是覺浪大師同意其出仕，在這種不理想的環境中生活，

---

40 覺浪道盛〈復瀋陽祖心可侄禪師〉，《天界覺浪盛禪師全錄》卷 27。
　　笑峰道盛弟子後主持青原。
　　陳旻昭是護法居士。
41 同註 14。
42 覺浪道盛《天界覺浪盛禪師全錄》卷 27。

視爲參大冶紅爐禪。王子京雖爲清官，但與遺民友好，可能
常招待遺民。函可和尚〈留別王子京〉詩中云：「**不爲金錢
思長者，每從處士揖孤僧**」，又孟貞詩〈初度日王子京觀察
置酒與治壽如同飲觀子京臨米書〉、〈乙酉除夕同王子京作〉
等。[43]

　　子京又嘗解救介立上人（高座寺僧），孟貞詩〈贈介立
上人〉小題：**介立以誣被繫子京觀察脫之**。[44]該詩未註年，
但前後有丙戌年（1646）作之詩，大概其時。函可和尚案發
當時（順治四年，1647），邢昉是住在王子京家編書選詩。[45]

　　函可和尚到即與遺民們往來，被難後即設法拯救，王子
京出錢出力是很可能的事。

　　今無和尚之〈與王子京書〉信中所說，函可和尚放瀋後，
與友澄和尚通書信，友澄和尚亦述其大概。當他從瀋陽南歸，
過金陵，從諸故人口傳手寫得知，當日友澄和尚實受子京之
托行事。但函可和尚來不及知而逝。康熙九年（1670），子
京突辭官雲遊，今無和尚才寫信子京提即此事。[46]

　　其他白下諸公，應包括于皇、龔賢，黃仙裳、方魯等。

　　如：〈丙戌歲除屻亭同衣白、雙白、方魯諸子〉、〈遙
哭鄒白衣〉，屻亭爲衣白所隱居之所。[47]見附註。

43 邢昉《石臼集》卷 3。頁集 51-257，241。
44 同上，卷 2。頁集 51-212。
45 湯之孫《邢孟貞先生年譜》：「順治四年複居王子京署中。選《明二十
　家詩集》，定宋梅聖俞、朱元晦五言古詩」。頁 215-224。收入《北京圖
　書館藏珍本年譜叢刊》第 66 冊，北京：北京圖書館出版社，1998。
46 釋今無《光宣臺集》卷 9，頁集 186-197。
47 釋函可《千山詩集》卷 9，頁集 144-518。又頁集 144-548。

鄒之麟，字臣虎，號衣白，自號逸老，又號昧庵，精繪事，江蘇武進人。乙酉（1645）杜門作畫以寄託。名其隱所爲雙管瓶、厄亭。其《臨黃子久富春山居圖》是《富春山居圖》最負盛名的臨本之一。年80餘卒。著有《先朝佚事》、《昧庵文集》等。

方文（1612-1669），字爾止，號嵞山。安徽桐城人，明諸生。早年喪父，受教於左光斗，中年喪妻，入清後不仕，賣卜爲生，四處遊歷。晚年窮居蕪湖，方文崇尙氣節，與邢孟貞最爲契合。著有《嵞山集》。

龔賢（1618-1689），又名豈賢，字半千，又字野遺、豈賢，號半畝，又號柴丈人，江蘇昆山人。早年參加複社活動，明末戰亂外出漂泊流離。清順治二年（1664）前後，龔賢妻子去世，龔賢再返南京隱居不出，生活清苦。最後定居清涼山，於屋前半畝空地上，築園栽植，命爲「半畝園」。性孤僻，與人落落寡合。獨與孔尙任爲忘年之交。擅畫，與樊圻、高岑、鄒喆、吳宏、葉欣、胡慥、謝蓀等並稱「金陵八家」。著有《香草堂集》。

杜濬（1611-1687），清初詩人。原名詔先，字于皇，號茶村，又號西止，晚號半翁。黃岡（今屬湖北）人。明崇禎時太學生。明亡後，不出仕，避亂流轉于南京、揚州，居南京達四十年。刻意爲詩，詩多寓興亡之感。極爲耿介孤傲，身後蕭條，以至無以入殮。幾年以後，陳鵬年（字北溟，別字滄洲）任江甯知府，才代爲埋葬于南京鐘山。終年七十七。著有《變雅堂集》。

黃雲（1621-1702），字仙裳，有《倚樓詞》。

第三節　在瀋陽時期之交游

　　函可和尚雖然流放絕域歷十二年而圓寂。他並不孤單，在瀋陽第一位好友是比他晚一年被戍瀋陽的左懋泰。並組冰天詩社，從此唱酬不絕，改變了他的心情開始新生活。以後陸續被放東北的流人都成為他相互唱和的朋友。這些人主要有李裀（龍袞）、郝浴、季開生、吳兆騫、李呈祥、瑄（昭華）、丁澎等。對他影響最大，相處最久的是左懋泰。被函可和尚說法感照最深的是郝浴。茲說明如下：

一、在瀋陽時期對函可和尚影響最大的左懋泰

　　左懋泰（？-1656）字韋諸，號大萊。明崇禎進士，官至吏部郎中。曾歸降李自成，授為兵政府左侍郎。後降於清，為仇家所訐，清順治六年舉家百口共流鐵嶺。左懋泰子多人從師郝浴，就讀銀崗書院。長子左暐生，弱冠成名，與流人文士多有交遊。曾捐資助修銀岡書院。康熙十六年（1677），其協助董國祥等纂輯清初東北第一部志書《鐵嶺縣誌》，且有《李寧遠看花樓》、《中秋偕諸友集郝複陽先生月臺》、《鴛鴦湖》等詩作留世。次子左昕生，亦從郝浴學於銀崗，文名亦著，其與兄同協董國祥共編《鐵嶺縣誌》，《千山詩集》中留其詩多首。

　　左懋泰至瀋陽第二年冬，與函可和尚等人組冰天詩社，

社員共三十三人，戀泰兩侄、兩子參與其中。順治十年（1653）十月，函可和尚將出門有與左戀泰諸人同集普濟話別，詩中人物都為詩社中人。[48]順治十三年（1656）戀泰卒，函可和尚有詩哭之，率諸公為之持誦經咒，為左氏諸孤託缽，皆有詩記之。足見兩人感情深厚，而函可和尚是一個篤於友情的人。

二、對函可和尚說法感悟最深的郝浴

郝浴（1623-1683）字冰滌，又字雪海，複陽，號中山直隸定州人。清順治六年（1649）舉進士，授刑部主事。清順治九年（1652）任湖廣道禦史，因彈劾吳三桂，順治十一年（1654）被謫戍奉天。

順治十五年（1658）五月，遷徙到鐵嶺銀州古城的南門外，造屋三間，取名「致知格物之堂」，即其寢食誦讀之所，又是講書教學的場所。他不抑鬱消沉，也不怨天尤人，是盡守本分的讀書教學。康熙十四年（1675）召回，複授湖廣道禦史。康熙二十二年（1683），病逝於桂林。著《中山集詩鈔》、《中山文鈔》等。

郝浴兩次訪函可和尚，談佛法，一為順治十一年（1654），「謁和尚於高麗館，一接談徹三晝夜」，二為順治十四年（1657）九月，郝浴聞法，贊壽昌「暗藏春色，明月秋光」。郝浴表現出對函可和尚說法的激賞。

郝浴被召回離開時，將「致知格物之堂」更名「銀岡書

---

48 釋函可《千山詩集》卷 5，〈癸巳多四日諸公同集普濟話別〉，頁集 144-494。

院」，把二百多畝土地留爲生徒肄業之資。對瀋陽地方教育貢獻重大。

三、其他因事流戍東北之流人朋友

計有李呈祥、李裀、魏琯、季開生、丁澎、吳兆騫等。

李呈祥，字吉津，號木齋，霑化人。崇禎十六年（1643）進士。事於清，爲侍讀學士。順治十年（1653）以上辦滿漢一體疏，下獄論死，減戍瀋陽。十七年（1660）釋歸。康熙二十六年（1687）卒，年七十一。有《東村集》。

李裀，字龍袞，高密人。順治二年（1645）考授中書舍人，官至兵科給事中，十一（1654）年，以論嚴治逃人之弊案，安置尙陽堡，逾年卒。《清史稿》有傳。

魏琯，字昭華壽光人崇禎進士，官御史。順治二年（1645）起原官，十二年（1655）爲大理寺正卿。降受通政司參議。以論窩藏逃人瘦斃事，遣戍遼陽。卒於戍所。《清史稿》有傳。

季開生，字天中，泰興人。順治六年進士，至禮科給事中。十二年（1655）秋，以遣內監江南采購，訛言往揚州買妓，開生上疏諫，被責肆狂沽直，遣戍尙陽堡，尋卒於戍所。《清史稿》有傳。

丁澎（1622-1686）字飛濤，號藥園，仁和人，回族。以詩名。與同鄉吳百朋、陸圻、紫紹炳、陳廷會、孫丹、沈謙、毛先舒、虞黃吳合稱爲「西岸十子」、「西泠十子」。與弟景鴻、瀠均，時人稱爲「三丁」。順治十二年（1655）進士。官刑部廣東司主事，調禮部主客司，期間，經常與伊斯蘭教

各國使節交往，貢使有以紫貂、銀鼠、美玉、犀象等易其詩以歸。丁澎因而深入瞭解伊斯蘭地區風土人情，及各派淵源。撰寫《天方聖教序》、《真教寺碑記》。認為伊斯蘭教的教義其實與儒家思想是互相融合的。順治十四年（1657）奉命典試河南副考官。科場案起，以違犯試場規例被劾，束謫戍奉天靖安五年。生活十分困苦，與牧人同臥起。秋冬封凍，無水，無柴，以生米和雪水吞咽。順治十九年（1662）獲歸。康熙二十五年（1686）病卒，終年 64 歲。著有《天方聖教序》、《真教寺碑記》、《扶荔堂集》、《信美軒詩集》、《藥園集》等傳世。丁澎有〈普濟剩禪師塔碑銘〉存文集中。

　　吳兆騫，字和槎，吳江人。順治十四年（1657），丁酉鄉試，以科場案發，械送京師，十六年（1659）覆核，試驚慄不能寫，流寧古塔。納蘭性德言於其父，徐乾學為籌集贖金，遂於康熙二十年（1663）入關，二十三年（1666）卒。

　　其他常有往來的如，希焦二道者，已是詩社成員，不知其生平。

　　又李苗師、居士等，亦不知其平生。

第四節　隨侍弟子

　　崇禎十七年（1644）函可和尚與師兄弟及弟子一起到南京。於南返時被捕，師徒共五人。

　　按《世祖章皇帝實錄》卷三十五，順治十四年（1657）十一月丁亥洪承疇奏：

…其僧徒金獵等四名，原系隨從，歷審無涉。[49]

又函昰《塔銘》云：

師自起禍至發遣，中間兩年惟同參法緯及諸徒，五人
外，無一近傍。

所以，此行一共五人，其中法緯是同門兄弟，其餘爲弟子。
法緯是道獨和尙侍者。邢昉有詩，〈法緯上人祖心師兄弟也，
並繫于北尋放還相見白門賦此二首〉，其一云：「…久別無
言語，相看脫網羅。名從鈎黨出，情爲在原多。…」、其二
有云：「中年已得法、多難斷還鄉。…飛錫吾師意，南行總
不忘。」，所以法緯當時中年，得釋後南歸。[50]

所以追隨函可和尙一起到瀋陽的最多是三人。可能是大
莖、屍林、纔放。纔放是函可之新弟子，邢昉有詩〈送纔放
同祖心往嶺南〉中云：「剃髮未曾久」。[51]但另有一人名金
獵，函昰弟子屬今字派，故金獵即今獵。可能是三個弟子中
其中一人之法號。纔放、今獵生平不詳。今《詩集》中函可
和尙弟子中既未有見纔放，也未有今獵。而有一個似是弟子
之寒還，所以曾懷疑纔放、今獵、寒還也許同爲一人。

寒還，又作寒寰、涵寰，生平不詳，姓高，陝西人，與
其叔叫寰（耀寰）一同流放瀋陽，叔姪二人都是詩社成員。從
函可和尙〈寒還將行過宿〉詩中僅知其與函可和尙同時流放

---

49 見第三章註 17。
50 今釋重編《長慶宗寶獨禪師語錄》卷.4，X72n1443_p0756a04（00）∥〈示
法緯法樹兩侍者還匡山〉電子佛典 V1.13。
http://www.cbeta.org/result/normal/X72/1443_004.htm
邢昉《石臼後集》卷 3，頁集 51-226。
51 邢昉《石臼後集》卷 3，頁集 51-240。

瀋陽，三年後得釋。詩云：

> 憶初與子遇，我命如懸絲。子時顧我泣，豈意共邊陲。
> 三歲相形影，孤雁常雙栖。是夜足風雨，來將與我辭。
> 人情欲分手，先問後晤期。于今從此去，心知見無時。
> 死別在一割，生別長苦思。子生必思我，我死子安知。
> 同是籠中翼，一伏一出飛。人鬼不容髮，安能復遲遲。
> 努力事前路，勿為兒女悲。孤燈久已滅，起視夜何其。
> 開戶天地黑，雞聲慘以悽。[52]

詩中顯示寒還與函可和尚同流放瀋陽，「子時顧我泣，豈意
共邊陲」，未知被放原因與函可有否關係?在瀋陽三年南返，
之後曾再回過瀋陽，函可和尚有〈高寒還叔姪復至〉詩。[53]曾
懷疑其是否函可和尚之弟子，但後來發現《千山詩集》卷 15，
有〈贈高涵還居士〉詩，中云：「所重惟良友，兼之患難同」，
[54]則涵還為居士，是朋友。有可能是函可和尚到瀋陽後才認
識，至於因何被戍？尚未得知。

又從詩中可見，其時文人喜用同音字、近音字代原字。
有關纔放、今獵，有待發現更多資料才能證之。

順治 10 年（1653），函可和尚被放瀋陽之第 6 年，春，
大莖、屍林隨明藏主南行，計劃春去秋返。[55]

因為函可和尚有詩〈重送大莖〉，詩云：「莫戀故鄉好，
相期塞菊黃」句。[56]回到瀋陽，函可和尚有〈明藏主聞回〉

---

52 《千山詩集》卷 3，頁集 144-476。
53 《千山詩集》卷 15，頁集 144-571。
54 同上。頁集 144-512。
55 函可〈送屍林〉：「六載塞沙共耐饑」，《千山詩集》卷 16，頁 581。
56 《千山詩集》卷 7，頁集 144-505。

詩，云：「春曉離家秋暮歸」句。[57]春去秋歸，是同一年？
隔一年？到底是哪一年的「塞菊黃」？

　　汪宗衍撰《年譜》是把回瀋陽的詩放在順治 12 年
（1655）。即順治 10 年（1653）去，順治 12 年（1655）秋
返。但看起來該是同年來往，如果不是同年往返，就不會強
調「春曉離家秋暮歸」。

　　《千山詩集》曾列入禁書，今存者可已是經刪除後之餘
詩，要待發現更多資料來證實。

　　當三人到達南京天界寺時，大莖猝逝。函可和尙〈哭大莖〉
詩，有：「三人結伴兩人歸」句。[58]所以屍林是與明藏主一起歸來。

　　藏主歸瀋陽時並帶回老人小影，函可和尙有〈明藏主奉老
人小影歸同諸子瞻禮〉，[59]可見函可和尙在塞北傳教已建立宗風。

　　函可和尙戍瀋陽一直有弟子相隨，主要是今育和屍林。
函可被捕時是師徒共五人，法緯獲釋。屍林、大莖、纏放隨
函可到瀋陽，他們都用別號相稱，今獵不知爲何人之法號。
順治 10 年（1653），屍林、大莖隨明藏主南返來回，大莖死
於途中。順治 14 年（1657）屍林又隨今無、今育一起南返。
所以前後居瀋陽 10 年，據今無〈贈屍林〉詩，他們歸到五嶺，
聞剩師叔之訃，屍林再出關料理千山塔事，又歷 11 年再回到
廣東。[60]據丁澎所作〈塔碑銘〉，是真乘自嶺表來又請其爲
文以誌的，則是真乘跟屍林一起出關料理函可和尙後事。

　　今育則是在順治 9 年（1652）4 月到瀋陽至順治 14 年

57　《千山詩集》卷 12，頁集 144-544。
58　同上，卷 12，頁集 144-545。
59　同上，卷 12，頁集 144-544。
60　阿字無禪師《光宣臺集》卷 18，頁集 186-338。

（1657）始隨今無南返，共留瀋陽 6 年。

　　至於纔放之資料，尚未有所發現，抑或是未隨函可和尚出關，不可得知。

　　函可和尚善交遊，朋友眾多，然在其人生的轉捩點上對其有重要影響的要算：1.曾起莘（函昰）。在他人生低潮時適時出現，為他解決人生的疑惑，帶他從人生的十字路口上找到下一步歸宿的人。從函可和尚（宗騋）急於求法的態度，不能說他是為了逃避現實而出家，因為他出家時仍是明朝的天下，當時只屬於政治不好的亂世，眼見亂世中人生的無常，以及正常生命中之有常，希望找出一個真理。2.顧夢遊，讓函可和尚體會到甚麼叫知己，他們想法行動一致。夢遊重義不畏與函可共患難，施閏章有點不值的說：

> 僧祖心憤世佯狂，與夢遊為方外交，至則主其家，禍
> 發連繫，刃交于頸，夢遊辭色不變，卒免于難。[61]

　　他們是志同道合，生死之交。顧夢遊是無情世界中的有重情義的人。3.左懋泰，在萬般無望的絕境中，與函可和尚以詩抒懷，互相勉勵，函可和尚也因此精神復振起來，開創往後十年的新生活。

　　函可和尚生平交遊的朋友，可以說都是明季的遺民，有歸隱不作貳臣的、有忠勇殉國的、有歸入佛門的，而函可、函昰和尚的出家更早在明亡之前，可謂早已看透世局。從函可和尚與他的朋友往來唱和的詩歌中，還可以窺見明末清初文人廣泛運用詩歌的盛況。這些詩篇，滙成明末清初遺民文學中的主流。

61　施潤章〈顧高士夢游傳〉，《碑傳集》卷 123，收入《清代傳記叢刊》，
　　第 113 冊，臺北：明文出版，1985。頁 113-033-4。

第八章　結　論

　　本文在第二章探討了函可和尚（韓宗騋）在明末盛世出家的原因和心路歷程。

　　明末政治敗壞影響了士人的信心，年輕士人對前途的不確定、人生無常，終致放棄官途。函可和尚（韓宗騋）的出家就是一個鮮明的例子。由於他的成長過程讓他比一般同年齡的人更瞭解政治局勢、當時朝廷實況，體驗到人生無常。然而對一個心有抱負的人面對出士抉擇是痛苦的事，所以函可和尚出家也歷經痛苦抉擇之階段。

　　函可和尚在明末盛世放棄官途為僧並非單一例子，如函昰和尚、張二果等人。即使不出家，很多士子皈依佛門為居士，尋求精神寄託、討論人生道理，遇有重大抉擇也往往請教自己信賴的僧人之意見。以函可和尚等人出家的事實為例，儘管沒有清人入治，明朝亦恐難以復振。儒人之投入佛門，讓當時的佛教注入大量的儒家精神。

　　函可和尚出家後不忘入世情，而犯下文字獄，遭受流放，最後圓寂於瀋陽。尋其故，函可和尚是受傳統教育長大的，家教森嚴，忠孝觀念早植心中，故當清人陷南京後，如丁澎所記，其奮臂吶喊的情形，一如眾多文人義士激烈抗清的行動，繼之借詩歌記事、抒情，可謂是觸動內心良知，出於自然，是內植心中忠孝思想的復甦，因此成為清代第一個因文

字獄遭收流放的受害者。

函可和尚爲何於崇禎 17 年底到南京？因爲那是崇禎年號最後的日子，又是南都立國之始，他又說是受托到南京印經。印經是最合理的理由，受誰所託？不得而知。然而他於母喪剛辦完就於 12 月底趕到南京，其傖促的情形，與他得知國破，表現「悲慟形辭色」，到南京後所寫〈甲申歲除寓南安〉詩，云：「**先皇歲月餘今日**」等，都可瞭解他趕到南京是爲了把握這寶貴的「今日」及見證南都立國。

至於何時回鄉？當然是順治 4 年（1647）秋。原定於順治 2 年（1645）春，但清兵南下受阻，故延至順治 4 年（1647）秋。陳寅恪懷疑他於順治 2 年（1645）春曾回廣東，但同年底又回南京。然而未有實據可支持此說，況且初聞清兵南下時，他曾拒絕友人相邀入嶺避難，所謂「**無可藏身唯酒肆，何須埋骨向青山**」。邢昉有〈夏夜同祖心上人看月與治齋中〉丙戌，詩，中有「涼天聞戍鼓」，證明他夏秋之際仍在南京。《千山詩集》又有歲除詩，時間上相接，除非他能秋去，冬初返，但未有此資料，故仍以前後受阻三年爲可信。

又有人懷疑函可與洪承疇合謀反清，亦未有據可憑。但是他卻是很照顧韓老師的家人，如韓宗騄。

至於函可和尚的成就和貢獻，則呈現於被放東北到圓寂之十二年間。

一、創辦詩社與建立獨特詩風

第四至六章探討了函可和尚的塞外生活，從他初到瀋

陽，到創立冰天詩社；傳統思想與宗教融合的主張；大量詩歌創作，建立獨特的詩風等。

創立冰天詩社不等於要反清復明，他也不滿意晚明的政治，不然也不會放棄仕進。創立冰天詩社是在於「**用繼東林之勝事**」，也就是在野可以發聲的民主政治。至於〈再變記〉是民族精神的呈現。要求異族有民主的統治是不可能的，函可和尚流放初期，憤憤不平的吶喊著「**盡東西南北之冰魂，灑古往今來之熱血**」、「**聊借雪窖之餘生，用繼東林之勝事**」，激憤之情、不平之鳴充滿詩中，表現得直接而激昂。到後來終於承認了事實，把慷慨化為無盡的低吟悲鳴，字字皆血淚之凝聚，他稱之為「**血化作詩**」，是多麼的沉痛悲涼。其詩無論是慷慨激昂或低吟悲鳴，都為真摯感情的表發，建立獨特的詩歌風格。他處處以詩歌代言、以詩訓示弟子，他把詩與生活連結起來，使詩變得很實用；以詩會友的情形，更可窺見清初文人在日常生活間廣泛使用詩的盛況。這是他在詩歌創作方面的貢獻。

二、南禪北傳

函可和尚另一項貢獻是將南禪北傳。在瀋陽期間他重視傳教，積極傳教，對傳道事從不假手他人，得到信徒們的愛戴信服。順治十一年（1654）函可和尚五遊千山，至香巖寺，就是為了諸公覓得此地準備為道獨、函是藏錫之所。順治十二年（1655）香巖新築成，函可和尚七遊千山，有「**佇望雙飛天外錫，寒邊早布十分春**」句，見《千山詩集》卷11，〈遊

香嚴寺〉。可見函可有意請道獨、函昰來瀋陽開法的打算。
是年接到道獨之書信及衣杖諸物，明藏主又從南北歸帶回道
獨小影。函可和尚與諸子同瞻禮，顯然已建立宗風。南禪弟
子頻密的往來南北，函可和尚請函昰和尚派弟子到瀋陽襄助
傳教等，已有推廣傳教的行動。但天不假年，惜函昰和尚未
及遣派而函可和尚遽逝。爲此函昰《塔銘》，《瞎堂詩集》
卷 11、18，均有詩哭之。從他的弟子聽法的盛況，其實已經
爲南禪北傳奠下初基。

　　函可和尚並非全然有託而逃禪，光看其積極傳法，信徒
弟愛戴，尤以郝浴對其說法的佩服情形，可見函可和尚對佛
法有獨到的領悟與見解，能深入淺出，才能感動一般人至深。
無論南禪能否在北地大肆推廣，但南禪已經北傳，對此，其
功不可抹。

三、濟世與教化

　　函可和尚的另一項貢獻是濟世，他除了盡力教化信徒
外，更對陸續被放東北之流人提供了心靈上的撫慰。如左懋
泰的交往是彼此賴以渡過初到瀋陽的艱辛，生活上亦因此重
新振作，開啓新生。郝浴被放東北得逢函可和尚，尤其對他
講授佛法的激賞，堪稱是被放後之奇遇。此外被放流人相互
詩歌唱和外，冰天雪地中，痛苦生涯中，得到心靈慰寂與宗
教思想的支持，有如成爲當時流人中之苦海明燈。

　　有關函可和尚的資料極爲有限，固然因爲清初文字獄的
關係，即其朋友詩文集中，有關函可的詩也不多。如赤公、

林茂之應該有很多與函可和尚有關的詩，可惜未發現赤公有
詩集。林茂之與韓家兩代交情，應有兩家往來詩篇。晚年欲
刻詩集，將萬曆甲辰（1604）至康熙甲辰（1664）60 年詩交
王士禛刪定付刻，未料王士禛僅取辛亥（萬曆 39 年，1611）
以前詩百數十篇爲集。林茂之是南京明遺民之首，則明清易
鼎之際明，有關遺民之史料亦因之流失，殊爲可惜。[1]

　　然尚有疑惑未能解，有待發現更多資料加以證實。如塔
銘是研究函可之主要資料，函可和尚之《詩集》、《語錄》，
都附有函昰和尚所撰〈塔銘〉和郝浴撰〈塔碑銘〉，而爲何
獨缺丁澎之〈塔碑銘〉？或者以丁澎爲虔誠之回教徒？或其
〈塔碑銘〉中云及：「於浮屠也，非心焉慕之志，亦可哀也
已」，否定函可和尚有心入佛？又文中云：「其徒真乘自嶺
表踰萬里而來，遂留不去，建龕於千山之大安寺北，乞其友
丁澎為文以誌之」，若所述無誤，則真乘、屍林是一同到瀋
陽處理函可後事。真乘是函可和尚同門弟，非函可和尚之徒。
阿字與王子京信中，但言屍林出關料理函可和尚塔事，而未
提及真乘。丁澎之〈塔碑銘〉描寫函可和尚，從年青時之近
於荒誕、南京再陷時之激動、禍起之後情形甚詳，爲函昰、
郝浴所未提及，彌足珍貴。至若學術淵源，宗教主張，傳教
之成功「微言、妙緒、洗悟矇俗」等，寫得淋灕盡致，所見
獨到，是研究函可和尚不可少之資料。然而有關函可和尚侍
父居南京的情形更是獨家所有，按丁澎生於 1622，函可和尚
生於 1611，天啓六年（1626）侍父南京時，丁澎才 5 歲，故

1 林古度《林茂之詩選》收入《清代詩文集彙編》冊 1，王士禛〈序〉。上
　海市：上海古籍出版社，2010。頁 1-2。

有關函可和尚當時在南京的情形，就不知據何而得知。

在探討函可和尚的過程中發現函可和尚是最早將禪宗開法於東北，繼其後，有赤公、古公的繼續傳法。此三大和尚，赤公是函可的好友，在南京已認識。順治 8 年至瀋陽，似爲文字獄而放瀋陽。[2]古公是雪公的弟子，函可和尚在世時，古公未至瀋陽，雪公是函可和尚好友。初，以爲雪公就是郝浴雪海，後來發現雪公也是僧人，似爲了函可和尚出關留居瀋陽。[3]雪公常往來南北，屈大均欲北訪函可，雪公曾帶他先訪函可和尚南京好友顧與治。函可和尚圓寂後，赤公繼而傳法，後雪公弟子古公亦至瀋陽傳法且情況頗盛，可惜他們繼續傳教的情形無文字之記載，赤公、雪公、古公等人生平事蹟亦不詳，可能於乾隆 40 年下令查究函可支派、碑刻字跡時已遭剷盪無存。而《千山詩集》、《語錄》之列爲禁書後，則其事跡更罕爲人知，希望從三大和尚（函可、赤公、古公）之往來友朋中，發現一言片語漏網資料，以窺其開法盛況，[4]或

2　《千山詩集》卷 11，〈贈赤公〉五首，中有「而師亦是嶺南人」、「罪過彌天予作俑」句。頁集 144-539。又：卷 12，〈寄陳公路〉小引，中云：「今投荒八年矣，赤公至」，頁集 144-541。卷 13，〈同雪公遊千頂紀事十首〉有小序：「乙未（1655）八月，赤公至」，頁集 144-552。即赤公於順治十二年（1655）八月到瀋陽，其實函可已放瀋陽第八年。

3　《千山詩集》卷 11，〈寄雪公〉云：「驚騎羸馬度荒巒」，頁集 144-540。所以雪公是自己出關到瀋陽。

4　《古林禪師語錄》嘉興大藏經（新文豐版）第 38 冊 No. B429《盛京奉天般若古林禪師語錄》季渾〈古林智禪師語錄序〉云：「古公得法語公，語公得法雪公，雪公得法破山和尚」、「粵東剩公發焚修，繼赤公、古公於是翕然知曹洞、臨濟，…赤公東，剩公左右之，古公來赤公周旋之，…。」、「剩公、赤公有志未行者，飯貧、衣寒、恤病、孩委棄、斂暴露，古公悉舉之，故人人以古公爲歸…余與古公往來凡八年，…念關東風俗樸厚得三大和尚開示一切今爲樂土」，康熙乙卯歲（1675）菊月季渾所題序說明當

未可知，將有待以後之努力。

　　本文存疑之處尚多，參考資料有限，可能在清文字獄劉薀下，僅存寥寥，都有待以後之發現解疑。

　　本文是趁課忙之餘，斷斷續續累點而成，感謝故　林天蔚教授指引，廣東高僧值得研究之方向，因而發現函可和尚、感謝故　宋晞教授指導下完成第一章、感謝故　曾一民教授指導下終於完成全文。

　　時古公傳教之盛，而且有多濟世的活動。
　　http://wk.baidu.com/view/0652a4fa941ea76e58fa04a8？
　　pn=15&ssid=&from=&bd_page_type=1&uid=wk_1342323522_267&pu=sl
　　@1,pw@1000,sz@224_220,pd@1,fz@2,lp@15,tpl@color,&st=1&wk=rd&
　　maxpage=46

大事年表

年　歲	大　　事	流人	往來人物
萬曆 39 （1613）1 歲	韓宗騋（函可）生於博羅		
萬曆 46 （1618）8 歲	韓宗騋（函可）隨父文恪公上京赴任		
天啓 5 （1825）15 歲	文恪宮乞官南京，授南京禮部尙書，韓宗騋（函可）隨侍。		
天啓 6 （1626）16 歲	韓宗騋（函可）補博羅縣學生員。		
崇禎 2 （1629）19 歲	陳三官爲韓宗騋（函可）畫意中幻肖圖 30。		
崇禎 6 （1633）23 歲	文恪公以禮部尙書充經筵講官、實錄管總裁，回北京。		
崇禎 8 （1635）25 歲	文恪公逝世		
崇禎 9 （1636）26 歲	韓宗騋（函可）扶櫬返鄉		
崇禎 12 （1639）29 歲	韓宗騋禮道獨出家，法號函可。		
崇禎 17 （1644）34 歲	12 月，函可和尙以請經藏附官人船赴南京。		
順治 2 （1645）35 歲	住金陵顧夢游之樓。		
	5 月，清兵渡江。		
順治 4 （1647）37 歲	秋，函可和尙出關南歸，被城守發現《再變記》而被捕。		
	11 月，洪承疇奏與和尙有世誼，將予和尙之牌文及書函送內院察議。		

順治 5 （1648）38 歲	函可和尚械送京師 4/28 入瀋， 焚修慈恩寺。		
順治 6 （1649）39 歲		左懋泰謫 戍瀋陽	
順治 7 （1650）40 歲	函可和尚與左懋泰成立冰天詩 社		函昰居家弟子梁 同生欲北
順治 8 （1651）41 歲	成普濟語錄		上訪函可，忽病痰 歿。
	是年大赦天下		5 月，真乘到達瀋 陽訪函可，得道獨 信，知家中於丁亥 博羅之役，十不存 一。真乘歸，不知 何年，《千山詩集》 卷 14〈有臨行口 占〉詩。
順治 9 （1652）42 歲			4 月，今育抵瀋陽 訪函可，聞宗騋遇 害。
順治 10 （1653）43 歲	4/10〈與左懋泰諸人同集普濟話 別〉，詩中提到人物均詩社人。	李呈祥戍 瀋陽	春，明藏主同大 莖、屍林南行。
			大莖猝逝於天界 寺秋，明藏主與屍 林回。
順治 11 （1654）44 歲	是年諸公重建謀迎空老人同麗 大師	9 月，郝浴 戍瀋陽	
		李裀戍尚 陽堡	
	諸老謀重建香山巖迎空老人同 麗大師		
順治 12 （1655）45 歲		魏琯戍遼 陽赤卣至 瀋（生平不 詳	
順治 13 （1656）46 歲	作〈李魏二公靈櫬回二首〉		
		3 月，左懋 泰逝世。	函昰遣今無（阿 字）入瀋。

		季開生戍 瀋陽堡	
順治 14 （1657）47 歲	今羞、今何編《剩詩》三卷刻之，函可與書函昰，請函昰派弟子來瀋助傳法	冬，郝浴來訪南塔。	9 月，今無、、育子、屍林自瀋南行。
順治 15 （1658）48 歲		吳兆騫戍瀋	秋，屈大均欲訪函可未果。
順治 16 （1659）49 歲	27/11 月，函可和尚圓寂。 屍林出關廬墓三年	李呈祥釋歸，攜左懋泰、剩公詩南行欲謀刻之。	夏，今無等抵雷鋒屍林再出關料理千山塔事後，廬墓三年，之後留瀋陽，共歷 11 年再回廣東。
康熙 29 （1690） 卒後 31 年	今又等重梓《語錄》6 卷於廣州黃華寺		
乾隆 ４０年（1775） 卒後 116 年	上諭，著弘晌富察善即查究千山僧函可曾否佔住寺廟，有無支派流傳、碑刻字跡留存。《高宗實錄》卷 955。		
乾隆 53 年 （1788）	5 月，浙江巡撫覺羅琅奏，以《千山語錄》、		
卒後 129 年	《詩集》列爲禁書。(見《禁書總目》)		

參考書目

一、傳統文獻

（明）陳子壯《陳文忠公遺集》，收入《叢書集成續編》第
　　149 冊。臺北市：新文豐，1989。

（明）梁朝鍾《喻園集》收入《叢書集成續編》151 冊，臺
　　北：新文豐，1988。

（明）張家玉《軍中遺稿》，《何氏至樂樓叢書》，第 9，
　　香港：1975。

（明）張廷玉《明史》，臺北：鼎文，1982。

（明）黎遂球《蓮鬚閣集》，《何氏至樂樓叢書》，第 21，
　　香港：1979。

（明）董倫等修《明實錄》，臺北市南港：中央研究院歷史
　　語言研究所，1984。

（明）韓日纘《韓文恪公文集》、《韓文恪公詩集》，收入
　　《四庫禁燬書叢刊補編》冊 70。北京市：北京出版社出
　　版，2005。

（明清）《明□宗□皇帝實錄》、《崇禎記聞錄》、及《崇
　　禎實錄》，臺北市：大通書局，1987。

（清）九龍真逸《明季東莞五忠傳》收入《明清史料彙編》

八集，第 75 冊，臺北縣永和鎮：文海，1973。

（清）九龍真逸《勝朝粵東遺民錄》，收入《清代傳記叢刊》
　　　第 70 冊。臺北市，明文書局，1985。

（清）丁澎《扶荔堂詩集》收入《回族典藏全書》，182-183
　　　冊，蘭州市：甘肅文化，2008。

（清）丁澎《扶荔堂文集》收入《回族典藏全書》，182-183
　　　冊，蘭州市：甘肅文化，2008。

（清）方文《嵞山集》收入《四庫禁燬書叢刊》，集部，71。
　　　北京市：北京出版社，2000。

（清）今無《宣光台集》收入《四庫禁燬叢刊》，集部，186。
　　　北京市：北京出版社，2000。

（清）王先謙《十二朝東華錄》，臺北市：文海，1963。

（清）王崇熙纂《新安縣志》，臺北市：成文，1974。

（清）天然和尚《廬山天然禪師語錄》嘉興大藏經（新
　　　文豐版）第 38 冊 1987。No.B406 中華佛典寶，
　　　http://bbs.byrx.net/archiver/？tid-17648.html

（清）阮元《廣東通志》，臺北市：中華叢書，1959。

（清）谷應泰《明史紀事本末》收入《叢書集成》三編 98-99
　　　冊，史地類。臺北：新文豐，1996。

（清）邢昉《石臼後集》收入《四庫禁燬叢刊》集部，51。
　　　北京市：北京出版社，2000。

（清）吳兆騫《秋茄集》，臺北市：西南，1973。

（清）余懷《余懷全集》，李金堂編校。上海：上海古籍，
　　　2011。

（清）林古度《林茂之詩選》收入《清代詩文集彙編》冊 1，

上海市：上海古籍出版社，2010，12。

（清）屈大均《皇明四朝成仁錄》，臺北：鼎文，1978。

（清）屈大均《廣東新語》入《四庫禁燬書叢刊補編》，第
　　37 冊。北京市：2005。

（清）查繼左《罪惟錄列傳》，收入《明代傳記叢刊》，85-86；
　　綜錄類，6，臺北市：明文，1991。

（清）陳恭尹《獨漉堂集》，中山大學出版社，廣東：1988。
　　陳恭尹《獨漉子詩文全集》。清康熙晚成堂刻本收錄《四
　　庫禁燬書叢刊》：集部，183。北京市：北京出版社，2000。

（清）張伯楨《袁督師遺集》收入《明清史料彙刊》第八集，
　　第 6 冊。臺北：文海書局，（民 62）1973。

（清）釋函可《千山詩集》，收入《四庫禁燬書叢刊》，集
　　部，144。北京市：北京出版社，2000。

（清）釋函可《千山剩人禪師語錄》，香港：金強印務，1970。

（清）釋函可《千山詩集》，楊輝校注。瀋陽：遼海，2007。

（清）釋函可《千山詩集》，嚴志雄，楊權校。臺北：中研
　　院文哲所，2008。

（清）釋天然昰《瞎堂詩集》，收入《四庫禁燬書叢刊》，
　　集部，116。北京市：北京出版社，2000。

（清）顧夢遊《顧與治詩》，收入《四庫禁燬書目叢書》，
　　集部，冊 51。北京市：北京出版社，2000。

（清）孫靜庵《明遺民錄》收入《清代傳記叢刊》第 68 冊。
　　臺北：文明書局，1985。

（清）梅村野史《鹿樵紀聞》入《臺灣文獻叢刊》，127 種。
　　臺北市：臺灣銀行，1961。

（清）《高宗實錄》入《清實錄》，9-27 冊，北京：中華，
　　1966。

（清）《清史列傳》收入《清代傳記叢刊》096-105 冊。臺
　　北：文明書局，1985。

（清）《崇禎實錄》收入《臺灣文獻叢刊》第 294 種，臺灣：
　　大通書局，1987。

《崇禎記聞錄》《臺灣文獻叢刊》，第 272 種，臺北市：臺
　　灣銀行，1968。

（清）黃鴻壽《清史紀事本末》，臺北：三民書局，1973。

（清）黃世芳《鐵嶺縣志》，入《中國方志叢書》第五號，
　　成文，1931。

（清）《大清世祖章（順治）皇帝實錄》，臺北市：華聯出
　　版：1964。

（清）賈弘文修，（清）李廷榮補修《鐵嶺縣志》收入《叢
　　書集成續編》第 239 冊，臺北市：新文豐，1989。

（清）賈弘文修，（清）董國祥纂輯《鐵嶺縣志》收入《叢
　　書集成續編》第 239 冊，臺北市：新文豐，1989。

（清）道獨和尚《宗寶道獨禪師語錄》佛緣資訊
　　http://www.foyuan.net/

（清）楊鑣《遼陽州志》收入《叢書集成續編》第 239 冊，
　　臺北市：新文豐，1989。

（清）鄧掄斌等修《惠州府志》收入《中國方志叢書》，第
　　3 號。臺北市：成文，1965。

（清）清軍處《禁書總目》，臺北市：新文豐出版，1985。

（清）榮柱刊《違礙書目》，臺北市：新文豐出版，1984。

二、近人論著

卍新纂續藏經（電子佛典）

王雲紅〈清初流徙東北考〉，《黑龍江省文史研究館館員叢書》www.hljcsswsg.gov.cn/gycs/showbook.asp？bookID=2&page

王雲五　1978《明王船山先生夫之年表》，臺北市：商務印書館，1978。

仇江〈韜光佛地記海雲〉，《番禺文史資料》，（第二十期）http://www.gzpyzx.gov.cn/wszl/201106/4553.html

古林禪師《古林禪師語錄》嘉興大藏經（新文豐版）第 38 冊 No.B429
http://wk.baidu.com/view/0652a4fa941ea76e58fa04a8　？pn=15&ssid=&from=&bd_page_type=1&uid=wk_1342323522_267&pu=sl@1,pw@1000,sz@224_220,pd@1,fz@2,lp@15,tpl@color,&st=1&wk=rd&maxpage=46

汪宗衍　1986《千山剩人和尚年譜》，臺北市：臺灣商務，1986。

汪宗衍　1986《天然和尚年譜》，臺北市：臺灣商務，1986。

汪宗衍、黃莎莉編 1991：《張穆年譜》，香港：香港中文大學文物館，1991 年。

汪宗衍　1974《廣東文物叢談》，香港：中華，1974。

杜維明　1995〈文化中國與儒家傳統〉，王元化《學術集林》卷 4，上海：上海遠東，1995。

沈菲〈邢昉與竟陵淵源考〉www.zhonghualunwen.com 發佈時間：2010-11-01 12:52:38

吳世拱輯 1967《洪承疇章奏文冊彙輯》入沈雲龍選輯《明清史料彙編》第三集，26 冊。臺北縣永和鎮：文海，1967。

沈正邦、仇江《函可和尚與意中幻肖圖》
202.116.65.84/gwxs/download/068.pdf

周可真《顧炎武生平事略》http://www.sciencenet.cn/u/周可真

周錫 2004《陳恭尹及嶺南詩風研究》，香港：香港大學，2004。

星夜 Kan 開原《清代松遼各類文士的詩詞》
http://www.emenpiao.com/Article/Detail/14971.html 發佈時間：2010-2-15 2:32:09

時志明 2006《山魂水魄：明末清初節烈詩人山水詩論》鳳凰出版社，2006。

陳伯陶 1967《東莞縣志》，臺北市：成文，1967。

陳寅恪 2001《柳如是別傳》，北京：三聯書店，2001。

陳乃乾 2003《蒼雪大師行年考略》收入《佛教名人年譜》。北京市：北京圖書館出版社，2003 第 1 版。

張永興 1988《東北流人詩選注》，瀋陽市：遼寧，1988.10。

張永興 2004《明清史探索》，瀋陽市：遼海，2004。

張勇輯錄，2010《清王朝佛教事務管理》時間：2010-12-07 09：15 來源：中華佛教准提網訊
http://old.zhfjzt.com/fxcs/xsjl/2010/1207/37702_24.html

荒木見悟 1995《明末清初的思想與佛教》，廖肇亨譯，臺北：

聯經，1995。

湯之孫　1999《邢孟貞先生年譜》收入《北京圖書館藏珍本
　　年譜叢刊》，66。北京市：北京圖書館，1999。

聖嚴法師　2000《明末佛教研究》，臺北市：法鼓文化，2000。

黃葉　2006〈釋函可評傳〉原《人海燈》第二卷，第 34 期，
　　1934 年 12 月 15 日出版。收入《民國佛教期刊文獻集成》
　　第 69 卷。北京市：全國圖書館文獻縮微復制中心，2006。

黃衛東　2011〈被清廷流放盛京　北裏先生左懋泰的冰火人
　　生〉www.workercn.cn2011/7/19 11：04 來源：遼沈晚報

曾浩「冰天詩社」三百六十年祭
　　http://www.wenwu.gov.cn/bbs/dispbbs.asp ？ BoardID=19
　　& ID =32395

楊燕韶〈清初官吏與寺僧、遺民之交往初探－以王子京爲
　　例〉，《致理學報》，中華民國 100 年 11 月第 31 期。

鄧之誠　1971《清詩紀事初編》，臺北縣：鼎文，1971，《歷
　　代詩史長編》第 15 種。

清史稿校註編纂小組 1986《清史稿校註》，臺北縣新店市：
　　國史館，1986。

蔡宏生　1995〈清初嶺南僧臨終偈分析〉，王化元《學術集
　　林》卷 4，上海：上海遠東，1995。

蔡鴻生《清初嶺南佛門事略》
　　http://www.plm.org.cn/e_book/xz-1517.txt

謝正光　1995《明遺民錄彙輯》，收錄明遺民錄七種：《明
　　遺民所知傳》，《明遺民錄》（黃容），《皇明遺民傳》，
　　《明遺民錄》（陳去病），《明遺民錄》（孫靜庵），

　　《勝朝粵東遺民錄》（陳伯陶），《明季滇南遺民錄》，
　　南京市：南京大學出版社，1995。

謝國楨 1957《南明史略》，上海：人民出版社，1957。

謝國楨 1978《明清之際黨社運動考》，臺北市：商務，1978。

謝國楨 1969《清初流人開發東北史》，臺北市：開明，1969。

'Qian Qianyi's Theroy of Shishi during the Ming-Qing
　　Transition,（錢謙益之「詩史」說與明清易鼎之際的遺民
　　詩學）Occasional Papers, Institute of Chinese Literature
　　and Philosophy(《中國文哲論叢》)，No. 1 （July 2005）：
　　1-77.

剩人和尚像

載於《千山詩集》，收入《四庫禁燬書叢刊》，集部，144

函可手跡

韓氏故居

慈恩寺

函昰和尚像(載於《瞎堂詩集》，收入
《四庫禁燬書叢刊》，集部，116

郝浴像